# 좋은 엄마가
# 스마트폰을 이긴다

## 좋은 엄마가
## 스마트폰을 이긴다

**발행일**　2013년 12월 23일 초판 1쇄 발행
**지은이**　깨끗한미디어를위한교사운동
**발행인**　방득일
**발행처**　맘에드림

**주　소**　서울시 중구 묵정동 31-2 2층
**전　화**　02-2269-0425
**팩　스**　02-2269-0426
**e-mail**　nurio1@naver.com

ISBN　978-89-97206-15-5　13370

※ 책값은 뒤표지에 있습니다.
※ 잘못된 책은 구입처에서 교환하여 드립니다.
※ 이 책은 저작권법에 의하여 보호를 받는 저작물이므로 무단 전재와 무단 복제를 금합니다.

# 좋은 엄마가 스마트폰을 이긴다

맘에드림

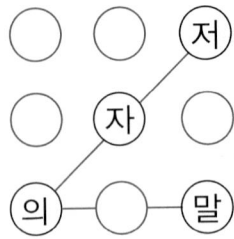

　　스마트폰의 등장으로 많은 사람에게 변화가 일어났다. 새로운 스마트폰이 출시될 때마다 줄을 서서 스마트폰을 사려고 밤늦도록 기다리는 모습, 전철에서는 유아들이 부모에게 스마트폰을 달라고 소리치는 모습, 전철 안에서 고개를 숙여 스마트 기기만 쳐다보며 자신만의 세계에 빠져 있는 모습 등이 나타나고 있다. 그러면서 아이들은 점차 기계를 통한 커뮤니케이션에 익숙해지게 되었다. 보고 듣고, 배운 것이 온통 스마트폰 안에서 펼쳐지기 때문이다. 요즘 아이들은 가상 세계의 SNS를 통해서 예전에 비해 많은 친구를 두고 있지만 정작 현실에서 사람과 사람이 직접 만남으로써 생기는 따뜻함을 느끼지 못하고 있다. 그래서 그런지 아이들은 고민하고 해결 방법을 찾고 있다. 그들을 직접 만나 이야기를 하면서 스마트폰으로 인해 생기는 많은 아픔과 눈물들을 경험할 수 있었고, 공감할 수 있었다. 이제는 더 이상 미룰 수 없다는 마음에 미디어와 스마트폰에 관심을

갖고 연구하던 많은 교사와 학부모, 시민단체 사람들이 한마음으로 장장 1년 반 동안 기획하고 고민한 이야기가 들어 있다.

교실에선 스마트폰으로 인해 많은 선생님이 아이들과 신경전을 펼친다. 학교 폭력, 사이버블링(Cyberbullying), 스마트폰 중독, 게임 중독, 개인 정보 노출, 개인 사생활 노출 등 부정적인 문제들로 생활지도가 점점 어려워지고 있다고 하소연을 한다. 문제는 가정에서도 마찬가지다. 가족과의 대화는 점점 멀어지고, 누구와 소통하는지도 모른 채 아이들은 그들만의 세계에 빠져 거기서 나오려고 하지 않는다며 푸념을 털어놓는다. 하지만 어느 누구도 아이들에게 스마트폰을 어떻게 사용하는 것이 바람직하게 쓰는 것인지 가르쳐주지 않았다. 단지, 어른들의 입장에서 스마트폰을 오래 한다고 느꼈을 때, 강제로 아이들의 손에서 빼앗는 방법만이 유일한 수단이었다. 아이들을 가르치는 선생님들도 누군가의 부모이며, 부모들은 가장 좋은 자녀들의 선생님이다. 이제 부모와 선생님이 한마음이 되어 스마트폰의 제대로 된 사용 방법을 알려주어야 할 때가 온 것이다.

'좋은 엄마가 스마트폰을 이긴다'라는 제목으로 인해 "스마트폰은 나쁜 거야?"라고 반문하는 사람들도 있을 것이다. 물론 아니다. 스마트폰은 편리하고 너무나도 좋다. 하지만 문제는 스마트폰을 사용하는 사람이 준비가 되지 않았을 경우에는 그 피해가 이루 말할 수 없다는 점이다. 수많은 가전제품에는 그것을 사용하는 사람들을 위한 설명서가 첨부되어 있다. 사용할 때 주의할 점은 무엇인지, 잘못 사용했을 때는 어떻게 되는지, 고장이 나면 어디로 가야 하는 지 등 그 물건에 대해 소비자들이 스스로 준비해야 하는 정보를 제공한다. 그러나 스마트폰에는 전화기와 충전기 외에는 별다른 설명서가 들어있지 않다. 전적으로 소비자의 역량과 소양에 맡기는 것이다.

미국의 오바마(Barack Obama) 대통령은 "SNS에 글 올릴 때 주의해야 한다. 여러분이 무엇을 하든 그것이 여러분 인생의 가장 황금기에 튀어나와 발목을 잡을 수 있다."라고 말하였다. 또한 에릭 슈밋(Eric Emerson Schmidt) 구글 회장은 "사람들은 인터넷상에서 다른 사람들에게 어떻게 말하고 관계를 맺을지, 자신들의 어떤 정보를 공개할지 점점 더 조심해야 할 것이다."라고 말하였다. 스마트폰을 올바르게 이용하기 위해서는 자기가 즐길 수 있는 선에서 그것을 이용하는 자세와 지혜가 필요함을 의미하고 있는 것이다. 아이들과 교사, 학부모, 이 시대를 살아가는 사람들 모두 스마트폰 전문가가 될 필요는 없다. 그리고 전부 다 SNS를 많이 할 필요도 없다. 우리가 적절하게 우리의 삶에 알맞은 만큼만 사용하는 지혜와 절제할 줄 아는 자세만 있다면 스마트폰은 분명 우리 삶에 상당한 편리함과 개인에 긍정적인 효과를 가져다줄 수 있는 문명의 이기임을 기억해야 한다.

세상에 모든 부모는 자신의 아이들이 건강하게 자라길 간절히 원한다. 세상의 모든 걸 내어줘도 아깝지 않을 정도로 자녀를 사랑한다. 하지만 모든 부모가 자녀가 원하는 것을 다 해주지 않는다. 만약 그것이 자녀에게 상처를 입히고 다른 사람들에게 피해를 준다면 부모는 과감하게 제지할 것이다. 스마트폰은 약이 될 수도 독이 될 수도 있는 '양날의 검'이다. 아이들이 스마트폰을 통해 소통하고 새로운 세상을 보기를 원한다. 그러기 위해서는 반드시 엄마와 아이가 올바른 스마트폰 사용을 위한 준비가 되어 있어야 한다. 여기서 '올바른'의 의미는 사용과 활용의 측면이 아니라 절제와 조절의 측면임을 꼭 기억했으면 한다. 내 아이는 편리함 속에서 삶을 되돌아보며, 내 주위에 있는 사람들에게 따뜻한 손을 내밀어 주는 감성적인 사람으로 성장했으면 하는 부모의 바람이 꼭 이뤄지길 바란다.

마지막으로 이 책이 나오기까지 항상 응원해주셨던 놀이미디어교육센터 권장희 소장님, 늘 따뜻한 마음으로 조언을 해 주셨던 임은정 교수님, 항상 든든한 후원자가 되어 주신 김성천 선생님, 좋은 의견을 주셨던 학부모님들, 작업할 때 많은 도움을 주신 맘에드림 출판사 관계자 여러분, 늦게까지 회의와 잦은 미팅에도 너그러운 마음으로 이해해준 깨미동 가족들에게 진심으로 감사의 말을 전한다. 그리고 무엇보다도 처음부터 끝까지 함께 해 주고, 기도해주신 깨끗한미디어를위한교사운동 선생님들과 좋은교사 선생님들, 그들 덕분에 교육이 조금씩 나아지고 있음에 감사를 드린다. 특히 이 책의 집필에 참여하신 다른 모든 선생님께 깊은 감사를 드린다.

저자들을 대표하여 김 해 동

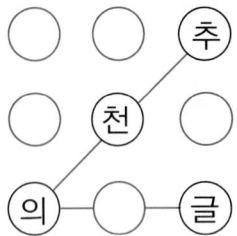

학생들의 스마트폰에 대한 집념을 넘어선 집착은 대단하다. 스마트폰 중독 예방 교육을 하기 위해 교단에 서면 아이들로부터 엄청난 저항감이 느껴진다. 스마트폰은 아이들의 강력한 갈망과 연결된 신체의 일부 이상이 되어버렸다.

어머니들은 '안 사 주면 사 줄 때까지 시달리게 되고, 그래서 사 주고 나면 그때부터 후회가 시작된다'고 말한다. 극소수를 제외한 대다수 아이들이 이미 엄마와의 전쟁에서 승리하여 스마트폰을 쟁취했고, 그것을 자신의 신체 일부로 이식하는 일을 지금 이 순간에도 틈틈이 하고 있다.

성서에 따르면 첫 번째 사람 아담은 하나님처럼 될 수 있다는 유혹에 넘어가 금단의 사과를 베어 물었다. 그리고 기대와는 달리 아담은 그의 거처인 에덴을 잃었다. 아이폰에 왜 베어 문 문양의 사과를 새겨 놓았는지는 알 수 없다. 그러나 분명한 사실은 그 아이폰은 아담의 눈앞에서 그를 유혹했던 선악과만큼이나 강력한 유혹으로 지금 우리와 우리 아이들의 손에 쥐어져 있다는 것이다.

선악과는 본래 인간이 먹으면 죽는 것이었다. 그럼에도 불구하고 인간의 눈에 선악과는 먹으면 눈이 밝아져 전능한 신처럼 지혜롭게 되고, 선악을 알게 될 것이라고 착각했다. 결과는 우리 모두가 알듯이 그들의 생각과 달랐다.

교실에서 스마트폰 절제력 키우기 예방 교육을 할 때, 우리는 스마트폰이 학생들에게 유익한 부분을 먼저 샅샅이 찾아보게 한다. 그리고 그들이 수고하여 찾아낸 모든 유익하다는 이유들을 칠판에 나열한다. 이를테면, '카톡으로 친구와 대화를 할 수 있다.', '친구랑 약속을 정하기에 편하다.', '재미있는 게임을 쉽게 할 수 있다.', '시간 보내기 좋다.', '대중교통을 이용할 때 편리하다.', '정보를 빨리 검색할 수 있다.' 등등.

이 모든 것들을 유사한 것끼리 묶어서 분류를 해보면 결국 두 가지로 수렴된다. 하나는 편리함이요 다른 하나는 재미이다. 학생들이 주장하는 '재미와 편리'는 물론 대체 수단이 없는 절대적인 것이 아니다. 스마트폰이 아니어도 카톡이 아니어도 친구와 소통하거나 재미있게 놀 수 있는 수단들은 얼마든지 많이 있다. 다만 스마트폰은 손에 쥐어져 있기 때문에 좀 더 편리하고 좀 더 빠르고, 좀 더 쉽다는 것뿐이다. 여기까지 대부분 아이들도 동의하는 것이다.

다음 단계는 이제 스마트폰을 이용하여 '재미와 편리함'을 얻기 위해 우리가 지불해야 할 값에 대해 찾아보기로 한다. 그러면 아이들은 정직하게 그들이 현재 스마트폰으로 인해 불편한 것들을 샅샅이 찾아내어 발표한다. 이를테면, '건강이 나빠진다.', '엄마와 갈등이 자주 발생한다.', '공부할 시간을 빼앗고 공부에 집중할 수 없다.', '돈이 많이 들어간다.', '시간을 빼앗아 간다.' 등등. 그리고 아이들은 말하지 않지만 필자가 굳이 덧붙인다면 '생각, 사고 능력이 떨어진다.', '무언가를 하고자 하는 의욕과 의지가 사라진다.', '참고 인내하는 능력이 떨어진다.' 등도 지불해야 할 값들이다.

학생들이 찾아낸 '건강, 시간, 가족, 공부, 수면' 등은 우리 삶의 행복을 결정하는 매우 본질적인 것들이고 다른 무엇으로 대체할 수 없는 그래서 어떤 것을 얻는 대가로 잃어서는 안 되는 절대적인 삶의 가치들이다.

결국 생존권, 생명권, 행복추구권과 같은 절대적인 가치와 인간의 기본권을 희생하여 지불하고 좀 더 낫은 재미와 좀 더 낫은 편리함을 얻고 있는 어리석은 거래를 하고 있는 것이다! 이 부인할 수 없는 현실을 직시하고 깨닫는 지점이 아담의 실패를 반복하지 않는 출발점이기에 여기까지 일단 안내한다.

그리고 결론적으로 학생들에게 고대 극지방의 늑대 사냥법에 대해 말해준다. 이야기는 이렇다.

"에스키모의 사냥꾼들은 늑대를 사냥하기 위해 추운 얼음판을 뛰어다니지 않는다. 그들은 창끝에 짐승의 피를 묻혀 얼린 후 이를 계속 반복하여 날카로운 칼날을 두꺼운 얼음으로 감싸도록 고드름을 만든다. 그리고 짐승의 피로 된 고드름만 밖으로 나오도록 눈 속에 파묻는다.

그러면, 추운 겨울날 먹을 것이 없는 늑대는 먹이를 찾아 헤매다가 피 냄새를 맡고 피고드름으로 다가와 핥아 먹기 시작한다. 핥을수록 맛은 있지만, 문제는 혀가 점점 얼얼해지고, 무감각해지고 마비가 되면 고드름이 다 사라지고, 창끝에 혀가 베이고 피가 솟아도 고통을 느끼지 못하기 때문에 그 피를 계속 핥아 먹다가 피를 너무 많이 흘려 죽게 된다."

그렇다! 늑대는 아이스크림을 얻기 위해 목숨이라는 값을 지불했다. 이와 같이 우리 아이들이 스마트폰을 통해 재미와 편리함을 얻는 대가로 늑대가 목숨을 지불하듯이 지불해야 할 값이 있는 것이다.

필자가 사랑하는 깨끗한미디어를위한교사운동의 선생님들이 이 책을 통해 자녀들이 지불하고 있는 값이 무엇인지를 말하고 있다. 현장에서 관찰하고 경험한 생생한 현장의 증언을 담아 부모님들에게 외치는 소리에 귀를 기울여 들어보시기 바란다. 그리고 선생님들이 제시하는 대안적인 삶의 가치에 마음을 열고 동의할 뿐 아니라 가정에서부터 실천하여 자녀들이 스마트폰을 절제 있게 사용하면서 자신에게 주어진 가치 있는 삶을 준비하도록 도와주기를 바란다.

놀이미디어교육센터 소장 권 장 희

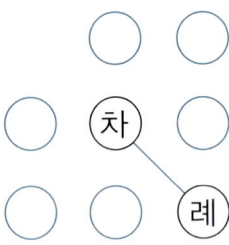

저자의 말 / 4
추천의 글 / 8

## 1장. 스마트폰과 실종되는 가정  17

엄마들은 왜 자녀에게 스마트폰을 사 주게 될까? · 21
스마트폰으로 심해지는 짜증과 거칠어지는 태도 · 26
스마트폰이 가져오는 무관심, 대화 단절, 폭력 · 35
스마트폰 때문에 혹사당하는 우리 아이의 몸 · 45
스마트폰으로부터 자유로워지자 · 50

## 2장. 학교에서 아이들의 스마트폰 중독  53

숨 막히는 경쟁에 사로잡힌 아이들 · 53
함께 놀 줄 모르는 아이들을 집어삼킨 스마트폰 · 57
게임과 SNS에 중독된 아이들 · 60
스마트폰 종류에 따라 아이들 계급이 결정된다 · 62
아이들을 점점 더 괴롭히는 사이버 폭력 · 64

## 3장. 자녀의 스마트폰 중독을 막기 위한 유아기 가정교육 **71**

스마트폰을 달라고 소리 지르는 아이들 · 71
내 아이의 성장을 방해하는 스마트 기기 · 73
스마트 기기 사용 시작 연령은 최대한 늦춰야 한다 · 79
아이의 정서 발달을 도와주는 엄마의 역할 · 85

## 4장. 아이와 가정을 살리는 미디어 다이어트 **93**

미디어 다이어트를 시작하자 · 93
온 가족이 함께해야 한다 · 96
미디어 다이어트를 성공하는 노하우 · 98
학교에서 함께 하는 미디어 다이어트 · 107
자녀의 미디어 다이어트는 부모의 역할에 달려있다 · 113

### 5장. 놀이와 대화로 SNS 없는 가족 문화 만들기 · 119

스마트폰이 필요 없는 전래 놀이 · 120
가족 공동의 취미는 스마트폰을 멀어지게 한다 · 122
어쩔 수 없이 사용해야 한다면 바르게 사용할 수 있도록 하라 · 126

### 6장. 보드게임으로 스마트하게 놀기 · 139

손을 사용하는 대면 놀이가 아이 발달을 돕는다 · 139
학습을 하며 감정을 주고받는 보드게임의 매력 · 143
보드게임을 구성하는 3요소 : 구조, 기능, 미 · 149
좋은 보드게임의 선별 조건 : 세계관과 메시지 · 153
보드게임이 주는 교육적 효과들 : 지적 능력과 사회적 기술의 조화 · 155

### 7장. 우리 아이를 살리는 현명한 스마트폰 사용법 · 165

현명한 요금제 선택 · 165
언제나 조심해야 할 스마트폰 보안 · 166
중독 방지를 위한 애플리케이션 · 169
가정에서 스마트폰 사용 규칙 · 171

## 8장. 스마트 시대의 아이들과 문화 **177**

소통이 없는 문화가 만들어내는 스마트폰 중독 · 177
스마트 시대 소통 문화 · 183
SNS의 양면성 · 188
온 몸으로 함께하는 진정한 소통 문화 · 193

## 9장. 디지털 교육이 아이를 괴롭게 한다 **199**

소통과 생각의 기회를 빼앗는 디지털 콘텐츠 · 199
디지털 교육으로 지치는 아이들 · 204
검색하는 힘이 아니라 사색하는 힘이 필요하다 · 209
실리콘밸리의 컴퓨터를 사용하지 않는 학교 · 213
감성과 인성 교육이 스마트한 아이를 키운다 · 217

## 10장. 장애 학생들을 위한 스마트 기기 활용법 **223**

장애 학생에게 스마트 기기가 주는 편의성 · 223
장애 학생에게 스마트폰을 사 줄 때 부모가 해야 할 일 · 225
소통의 수단으로 스마트 기기 사용법 · 227
장애 학생들에게 유용한 애플리케이션 · 230
스마트 기기가 장애 학생들에게 더 유용해지려면 · 236
장애 학생을 위한 스마트교육 해외 사례 · 239
'포대기'처럼 교감하는 관계를 위해 · 243

부록 / 245

## 스마트폰과 실종되는 가정

스마트 기기가 세상을 지배하고 있다. 사람들은 어디에서나 스마트폰이나 태블릿PC를 통해서 TV를 보고, 정보나 뉴스를 검색하고, 뱅킹하고, 일정 관리를 하고, 메일을 확인하고, 게임을 하고, 예약을 하고, 쇼핑을 하고, 음악을 듣고, 문자 메시지를 보낸다.

"세상이 스마트해지는 사이 친구의 전화번호를 잊어버렸습니다. 손바닥 안의 세상이 눈을 빼앗더니 생각마저 빼앗겨버린 건 아닐까요?"

이 광고 문구는 정작 스마트함과는 점점 멀어지는 사람들의 모습을 역설적으로 잘 표현한다. 사람들이 스마트 기기에 지나치게 의존하다 보니 정작 자신들은 스마트하지 않게 된다. 내비게이션은 길눈을 어둡게 하고 전자계산기는 암산 능력을 떨어뜨린다. 여기서 중요한 문제는 스마트 기기의 과다 사용 때문에 부모 자녀 간의 갈등과 대화 단절이 가족 해체를 심화시키고 있다는 것이다.

우리 집에서도 식탁, 소파, 침대 등 어디에서나 수그리고 스마트폰을 사용하는 딸들의 모습을 보고 보고 또 보고 보게 된다. 볼 때마다 한심해 보이고 답답하다. 실제 스마트폰 과다 사용이 어느 정도로 심각한지 확인하기 위해 주변 사람들을 통하여 가족들 간의 갈등 사례를 탐문하였다. 고맙게도, 학교 선생님들과 아이들, 친척, 딸의 친구들은 '스마트폰이 우리 삶에 얼마나 영향을 미치는지 알아보기 위한 것'이라는 설명을 듣고 선뜻 응해주었다. 이들은 스마트폰 과다 사용 때문에 자신 또는 가까운 사람들에게 발생했던 가족들 간의 갈등 경험을 솔직하게 쏟아내 주었다.

둘째 딸의 친구가 들려준 엄마와의 갈등 사례가 있다. 고등학교 3학년 K는 집에서 스마트폰으로 음악도 듣고 카카오톡을 많이 하지만, 엄마의 오해 때문에 억울했다고 하소연한다.

> 어느 날 화장실에 있었는데 반 친구들이 단체 카톡에 저를 초대해서 계속 '카톡 카톡' 소리가 났어요.
> 그런데 갑자기 엄마가 오시더니,
> "너 도대체 뭐하는 거야? 엄마가 이러려고 비싼 돈 주고 스마트폰 사 준 줄 알아?" 소리치셨어요.
> "우리 반 애들이 동창회 하자고 단체 카톡에 초대했어. 그래서

화장실에 있는 동안 애들이 문자 많이 보낸 거야."라고 말했지만, 엄마가 스마트폰을 빼앗아 던지는 바람에 액정이 깨지고 난리였어요. 엄마는 그러고는 오빠한테 통신사에 전화해서 제 스마트폰을 끊으라고 말했어요.

"이제 카카오톡 안 할게. 그렇지만 이번엔 진짜 억울해. 내가 한 거 아닌데." 하고 말하는데 울음이 터졌고, 엄마는 "마지막이야 다음에 또 그러면 국물도 없어!" 하시더니 다음 날 액정은 고쳐 주었어요.

엄마 앞에서만은 다시는 카카오톡을 안 해요. 안 보는 데서 몰래 해요.

초등학교에서 근무하는 교사 A씨는 아들의 스마트폰 폭탄 요금 때문에 당황했지만 그래도 잘 대처하고 있는 듯하다.

어느 날 갑자기 초등학교 6학년인 아들의 스마트폰이 정지 당한 것을 알았어요. 그 이유를 알아보니 유료 게임 애플리케이션을 다운받아 마구 게임해서 발생한 30만 원을 제때 납부하지 않아서였어요.

화가 난 남편은 아들에게 소리 지르며 스마트폰을 빼앗아서 던져버렸고 스마트폰 액정은 깨져서 사용할 수 없게 되었어요.

그 후부터 남편이 아들을 가만 내버려두지 않아 남편과 아들 사이가 더 나빠지고 이 일로 부부 간 갈등도 심해졌어요. "그래도 돈보다 아들이 더 소중하지 않느냐"며 남편을 달랬어요.

스마트폰은 일단정지 신청하고 약정 기간 동안 남아있는 할부금을 매달 납부해요. 아들에게는 집에서 엄마 스마트폰을 통해서만 게임하라고 했어요. 단, 청소년 유해물 차단 프로그램 'i 안심'을 깔아 게임 시간도 제한하고 유해 정보도 차단했어요.

사용하지 않는 스마트폰 요금이 매달 나가니 아깝지만 마음은 훨씬 편해요.

점점 소원해지는 가족은 오히려 스마트함과는 멀어지고 있다. 서로 얼굴을 마주하고 이야기를 하고 표정을 읽으며 공감해주고 애정을 표현하고 소통하는 가족의 모습이 아닌 것이다. 온 가족이 함께 모여 TV 보던 모습은 옛 모습이 된 지 오래다. 가족이 각자 스마트 기기로 다른 TV 채널을 본다. 집 안에서조차 각자 다른 세계와 접속하며 한 지붕 아래 몸만 함께 거주하는 가족일 뿐이다. 당연히 가족이 얼굴을 마주하고 대화하기란 쉽지 않다. 또한 스마트 기기에 몰입되면 방해받는 것을 싫어한다. 그러니 자녀에게 부모는 짜증만 가득하며 화 잘 내시는 엄마와 아빠로, 부모에게 자녀는 신경질적이고 대드는 우리 아이로 보일 뿐이다. 스마트폰은 아이들에게 여러 가지 중독 증상과 심각한 정신적, 사회적, 신체적 문제를 가져온다.

## 엄마들은 왜 자녀에게 스마트폰을 사 주게 될까?

스마트폰은 기기의 특성 때문에 한 번만 접촉을 시작해도 서서히 습관적으로 빠지게 되고, 결국 스스로 통제할 수 없게 된다. 그런데 아이들은 언제, 왜, 어떻게 스마트폰이나 스마트 기기에 접촉하게 될까? 갈등을 예견하면서도 자녀에게 스마트 기기를 사주는 부모는 아무도 없을 것이다. 별생각 없이 아이에게 준 스마트 기기가 가족 모두에게 심각한 상처를 초래할 수 있다. 그런데도 부모들은 자녀에게 왜 스마트폰을 사줄까?

'최고의 선물이다'
휴대폰은 초등학생들에게도 없어서는 안 될 필수품이 되었다. 최근 부모들은 자녀에게 게임기나 다른 것을 선물해주기보다는 통화도 되고 전자사전은 물론, 학습용 게임과 사진 촬영 등 다양한 콘텐츠를 사용할 수 있는 스마트폰을 선물하려고 한다.
한때 초등학생들이 닌텐도에 열광한 적이 있었다. 어린이날과 생일날 최고의 선물이었다. 아이들은 닌텐도로 인터넷 강의를 다운받아 공부도 할 수 있으니 열심히 공부하겠다는 조건을 내세우며 사달라고 졸랐다. 부모는 공부를 열심히 하겠다는 다짐을 받고 나서 게임보다는 휴대용 학습 도구로 사용할 것이라는 기대를 하며 흔쾌히 사 주는 경우가 많았다. 그러나 시간이 지나면서 공부보다는 게임에 몰입하고 중독으로 이어졌다.

이제 스마트폰이 닌텐도의 인기를 이어받아 최고의 선물이 되고 있다. 부모는 자녀가 성적을 올리면 스마트폰을 사 주겠다고 한다. 아이들은 성적이 오르면 스마트폰을 사달라고 하며 처음엔 열심히 공부하기도 한다. 이때 스마트폰은 부모로 하여금 '내 아이가 좀 더 학업에 집중하겠지, 내 기대치에 따라주겠지.'라고 막연히 소망하게 하는 긍정적 도구이다.

그러나 아이들은 스마트폰을 접하면 달라진다. 왜냐하면 스마트폰은 작은 손안에서 인터넷 기능을 통해 언제 어디서나 즉각적으로 상호작용이 가능하게 만들어주고 손끝 터치만으로도 접속 연결되는 편리성을 가진 작은 컴퓨터이기 때문이다. 스마트폰을 통해 언제 어디서나 친구를 사귀고 만날 수 있으며 게임 등 다양한 콘텐츠를 이용할 수 있다. 그래서 눈을 뜨면서부터 잠자리에 들 때까지 스마트폰을 손안에 꼭 쥐고 있다. 결국 오히려 공부하는 시간은 사라지고 스마트폰 사용으로 많은 시간을 더 낭비하게 된다.

'내 아이만 스마트폰이 없을 수는 없다'

부모들은 '스마트한 세상에서 내 아이만 스마트폰 없이 지내게 할 수는 없기 때문에' 자녀에게 스마트폰을 사 줄 수밖에 없다고 한다. 실제로 많은 아이들이 스마트폰을 사용하고 있고, 이것이 대세이고 새로운 또래 문화를 형성하고 있다. 스마트폰으로 얘기하고 놀고 애플리케이션에 대한 정보를 주고받으니, 스마트폰이 없는 아이는 낄 자리가 없어 소외감을 느낀다.

그렇다고 자녀의 친구들이 얼마나 스마트폰을 소유하고 있는지, 누가 가지고 있고 누가 가지고 있지 않은지 실제로 확인해보고 사주는 부모는 거의 없다. 아이가 투덜대면 내 아이만 없어 소외당할까 봐, 공부에 집중하지 못할까 봐 걱정이 앞선다. 의도적이든 아니든 부모는 아이의 꾀에 넘어간다.

주부 L씨도 역시 이러한 이유에서 딸에게 스마트폰을 사주었다고 한다.

> 고등학교 2학년인 작은딸이 일반 휴대폰에 만족하지 못하고 스마트폰을 사달라고 징징거리는 거여요. "친구들은 다 스마트폰 있는데 나만 없어서 친구들과 대화가 안 돼요. 친구들에게 잘 연락할 수도 없어 자동 왕따 돼요."라고 조르는 딸에게 스마트폰을 사 줄 수밖에 없었어요. 혹시 내 아이만 없으면 왕따 되거나 기죽지는 않을까 하는 마음이 들어 사 주게 되더라구요.

자녀에게 꼭 필요하다는 확신이 아니라 막연한 불안감을 느끼는 부모가 오히려 적극적으로 스마트폰을 사 주는 것일 수도 있다.

'잠시 쉴 수 있다'

놀아 달라고 달려드는 아이, 징징거리는 아이에게 스마트폰을 주면 잠시 쉴 수 있는 여유가 생긴다. 자기만의 시간을 갖고 싶을 때, 육체적 정신적으로 지쳤을 때, 가사에 매달려 있을 때 아이를 잠시 무언가에 집중하게 하여 떼어놓고 싶다. 아이에게 최고의 놀이기구이자 학습 도구는 엄마 아빠이지만, 부모는 이 사실을 알더라도 망각하기 쉽다.

이러한 상황에서 아이에게 최고의 장난감은 터치만 하면 영상이 나타나는 스마트폰이다. 이왕이면 공부하라고 한글이나 영어 학습 애플리케이션을 깔아준다. 뒹굴뒹굴 놀면서도 알파벳을 깨치고 한글을 깨치면 그만이라고 생각한다.

맞벌이 주부 K씨는 4살과 2살 아이를 둔 엄마이다. 퇴근 후에 쉬고 싶어서 아이들에게 스마트폰을 자주 준다고 한다.

> 네 살인 큰딸은 스마트폰을 주면 아주 좋아해요. 혼자서도 신나게 잘 놀아요. 스마트폰을 만지작거리며 웃고 즐거워하는 모습을 보면 예쁘고 사랑스럽고 흐뭇해요.

무심코 내준 스마트폰은 아이를 망치는 기기가 될 수도 있다. 모 스마트폰 광고를 보면, 기차에서 계속 울어대는 아이를 부모가 달래려고 애쓰지만 소용이 없다. 그러자 옆 좌석에 앉아있던 한 남성이 아이에게 스마트폰을 보여주니 아이가 울음을 뚝 그친다. 이 장면은 사람들에게 울고 떼쓰는 아이를 달래는 데 스마트폰이 안성맞춤이라고 각인시킨다.

실제로 많은 부모들이 음식점과 같은 공공장소에서 시끄럽고 산만한 아이의 행동을 쉽게 통제하기 위해 스마트폰을 주기도 한다. 초등학교 교사 S씨는 4살 아들에게 가급적 스마트폰을 주지 않으려 노력하지만, 가끔 음식점에서 부산한 아들을 조용히 시키기 위해 어쩔 수 없이 스마트폰을 준다고 한다.

스마트폰이 아이보다도 부모를 위해 아이 행동을 통제하는 만병통치약처럼 사용되고 있으며, 아이는 점점 스마트폰에 빠지게 되는 것이다.

'안심할 수 있다'

어린이 유괴, 성폭력, 학교 폭력 등 사건 사고가 빈번히 일어나고 심각한 사회문제로 대중매체에 자주 등장한다. 이런 상황에서 어린 자녀를 둔 부모라면 당연히 불안할 수밖에 없다. 자녀의 안전을 확인하기 위해 위치확인시스템(GPS: global positioning system)이 장착된 스마트폰을 사 주어야 한다고 생각하지 않을 수 없다. 특히 맞벌이 부모는 학교나 학교 밖 어디에서도 언제나 자녀와 통화가 가능해야 하고, 자녀의 일과를 확인하고 점검해야 안심이 된다.

A초등학교 교장 선생님은 학생의 핸드폰을 수거하거나 꺼놓게 하지 말라고 지시하였다. 부모들이 이것을 원하지 않기 때문이었다. GPS를 이용해 자녀의 위치는 물론, 핸드폰을 잃어버렸을 때 핸드폰 위치를 추적할 수 있고, 자녀와 언제든지 소통할 수 있는 도구를 박탈하면 안 된다는 것이다.

## 스마트폰으로 심해지는 짜증과 거칠어지는 태도

스마트 기기는 '정크푸드'[1]이다. 처음에 스마트폰 사용은 단순한 시간 때우기 등으로 시작하지만 점차 습관적으로 의존하면서 시간 낭비, 집중력 저하, 대화 단절, 독서량 감소, 건강 악화 등을 가져온다. 그리고 새로운 최신 스마트폰에 더 집착하게 된다. 스마트폰 과다 사용은 부모 자녀 간의 갈등을 고조시키고, 서로 상처를 주게 하고, 결국 한 가족의 생활공동체가 제 기능을 상실하는 상태에 이

---

1. 정크푸드(junk food)는 원래 칼로리는 높지만 영양가는 낮아 건강에는 좋지 않은 인스턴트 및 패스트 식품을 총칭하는 용어이다. 2012년 미국소아과학회에서 화면(screen)을 통한 비디오 오락(video entertainment)을 '정신적 정크푸드'(mental junk food)라고 표현하여 아이의 TV 시청이 건강에 해로우니 시청 시간을 제한하라고 한 데서 차용하였다.

르게 한다. 다시 말하면 자신의 신체적 정신적 사회적 건강뿐만 아니라 나아가 가정과 사회의 건강을 '스마트하게' 망치게 된다.

### 스마트폰에 몰입되면 이런 증상이 나타난다

스마트폰을 가진 사람이라면 누구나 한번 이상은 '애니팡', '다함께 차차차', '모두의 게임', '윈드러너' 등의 게임에 초대받은 적이 있을 것이다. 누군가 게임에 초대하는 메시지를 수시로 보낸다면, 그 사람은 게임에 몰입되어 많은 시간을 낭비하고 있을 가능성이 크다.

주부 H씨는 고등학교 3학년 둘째 딸로부터 갑자기 애니팡 초대 메시지를 자주 받기 시작했다고 한다. 동시에 침대나 소파에 누워서, 또는 쭈그리고 앉아서 무언가에 집중하고 있는 딸을 자주 보게 되어, 가까이 가서 보면 애니팡 게임을 하고 있다는 것이다. 그래서 딸이 집에 있어도 조용하고 안 보이면 게임하고 있기 때문이라고 생각하게 된다는 것이다. 제 할 일은 안 하고 게임만 하고 있으면 화가 나서 "스마트폰 부서뜨린다!" 하고 자주 으름장을 놓게 된다고 한다.

다음을 참고로 자녀가 스마트폰 중독에 빠져가고 있는지 점검해 보자.

- 폭탄 요금이 나온다.
- 책 읽는 모습을 보기가 어렵다.

- 방이 지저분해지고 정리 정돈을 안 한다.
- 게임에 초대하는 메시지를 자주 보낸다.
- 주변(특히 가족) 사람이나 일에 관심이 없다
- 눈을 뜨자마자 잠잘 때까지 스마트폰을 쥐고 있다.
- 부르는 소리를 잘 못 듣거나 신경질적으로 대답한다.
- 식사하면서, TV 보면서, 화장실에서도 스마트폰을 사용한다.
- 밖으로 잘 나오지 않고 자기 방 안에서만 조용하게 있다.

  자녀를 볼 때마다 스마트폰 사용으로 걱정되고 짜증 나고 화가 난다면, 아마도 자녀가 스마트폰 중독에 빠지고 있다는 신호일 것이다. 이때 부모와 자녀가 함께 스마트폰 사용에 대해 이야기를 시작해야 한다. 가래로도 막을 수 없게 되기 전에, 호미로 막아야 한다.

  정신적으로 건강하다는 것은 자기와 남을 소중히 여기고 긍정적인 생각을 하며 감정과 스트레스를 잘 다스려 마음이 편안한 상태이다. 그러나 사람들은 세상에서 일어나는 일을 알기 위해 스마트폰을 접하게 되고, 세상에 적응하고 뒤처지지 않기 위해 스마트폰에 의존하면서 기기의 주인이 아닌 노예로 전락한다.

### 스마트폰이 없으면 불안, 초조

  문제는 중독 불감증이다. 수시로 메일, 메시지, SNS(social network service)를 기다리고 확인하고 댓글을 다는 단순한 행동을 반복하면서 서서히 빠져든다. 스마트폰이 24시간 손안에 있어야 안심이 되며, 없으면 불안하고 초조한 금단증상이 나타난다. 일상에서 의식이 항상 스마트폰에 가 있으니 다른 삶은 방해받는다.

다음은 대학생이 느끼는 심리적 의존, 불안이다.[2]

> 일어날 시간도 아닌데 눈이 떠질 때, 안경보다 먼저 스마트폰을 찾아 시간을 확인하고 메일이나 트위터, 카카오톡을 먼저 확인하고 있는 나를 봤어요.

> 스마트폰을 작년 11월부터 쓰고 있는데 하루 종일 붙잡고 있다 해도 과언이 아니에요. 시험 기간이라 일분일초가 아까운데, 매일 잡고 있어서 걱정이에요. 인터넷, 다이어리, 사진, 유튜브, 판도라, 블로그 등 특별히 할 것도 없는데 손에 쥐고 있고 계속 이것저것 실행시켜요. 그래서 피처폰으로 바꾸려고 하는데 막상 바꾸려고 맘먹으면 심장이 막 떨려요. 내가 스마트폰을 버리고 과연 살 수 있을까 하고.

고등학교 2학년 Y양은 '스마트폰은 절대 끊을 수 없을 것 같다'고 하소연한다.

---

2. 윤주영 외(2011), 대학생의 스마트폰 중독과 건강 문제, 국가위기관리학위, 3(2), 92-104

계속 스마트폰하고, 확인하는 거 없어도 괜히 켜보고, 특히 잠자기 전에 계속 폰 잡고 있다가 새벽까지 해서 다음 날에 수업 시간에 완전 졸리고, 새벽까지 하다가 엄마 아빠한테 걸려서 공유기가 부서질 뻔했지만, 중독성이 있어서 스마트폰 못 끊겠어요.

### 증가하는 신경질, 떨어지는 참을성과 사고력

스마트폰을 지나치게 사용하는 아이는 성격이 점점 날카롭게 변한다. 스마트폰 사용을 방해받으면 나타나는 감정이나 행동이 습관화되기 때문이다. 스마트폰 과다 사용과 변해가는 거친 태도 때문에 부모와 갈등이 생기고, 갈등은 다시 아이와 부모 서로에게 스트레스를 준다. 반면 스마트폰 외의 다른 일에는 산만하고 집중하지 못한다. 참을성과 사고력도 떨어지고 즉각적·충동적으로 반응하고 행동한다.

초등학교 교사 P씨는 대학교 1학년 딸에게 대학 입학 선물로 스마트폰을 사주었다. 그 결과 집에서 스마트폰만 보고 있으니 얼굴을 마주하기도 힘들다고 한다. 왜냐하면 집에서 스마트폰으로 친구를 만나고 과제 토의를 하고 약속을 하며 희로애락의 감정을 토해내며 혼자 킥킥거리기도 하고 씩씩거리며 시간을 보내기 때문이라는 것이다. 혼자 방에서 스마트폰으로 TV도 보고 있는 딸을 부르면, 딸은 "왜~?" 하면서 자꾸 왜 부르냐는 태도로 신경질적인 반응을 보이는데, 그 강도가 점점 세지고 횟수도 늘어나고 있어 죽을 맞이라고 한다.

　뇌의 전두엽은 기억력과 사고력, 학습력, 논리력 등을 주관하고 다른 영역으로부터 들어오는 정보를 취합한다. 전두엽이 발달할수록 충동을 억제하는 힘과 문제해결력이 높아진다. 아이들은 부모와 눈을 맞추고 체온을 나누는 등 상호 자극을 통해 인지능력이 형성되고 발달되는데, 자극적인 영상물은 언어와 인지능력, 사고력과 집중력에 문제를 가져온다. 결국 스마트폰은 생각하는 힘과 참을성을 기르는 아이들의 성장을 방해할 수 있다.[3]

　2012년 미국소아과학회(American Academy of Pediatrics)는 2세 미만 아기에게 TV를 피하게 하고, 2세 이상 아이에게는 콘텐츠와 상관없이 TV, 모바일폰, 컴퓨터를 하루 2시간으로 제한하라고 권하였다.[4]

> 작은 TV가 부모의 저녁을 위해서라면, 부모가 저녁을 굶는 것이 아기에게 더 낫다. 2세 이전에 화면 보는 것은 언어발달, 읽기, 단기기억에 부정적 결과를 초래한다. 수면과 주의력 문제도 생긴다. 그러므로 비디오 오락(video entertainment)은 아

---

3. 신동원, 『멍 때려라』, 센추리원, 2013
4. American Academy of Pediatrics(2012). Why to avoid TV before age 2 (http://www.healthychildren.org/English/family-life/Media/Pages/Why-to-Avoid-TV-Before-Age-2.aspx)

기에게 정신적 정크푸드(mental junk food)와 같다.

아기는 얼굴 표정의 움직임, 목소리 톤, 몸짓 언어를 다른 사람과 교환하면서 배운다. TV를 보는 것보다 부모가 요리하는 동안 냄비를 바닥에 쾅 하고 쳐보면서 더 많은 것을 배운다. 아무도 보지 않는 TV를 켜 놓아도 아기의 언어 발달을 지연시킨다. 아기가 주위에 있으면 부모는 보통 한 시간에 949개 단어를 말하는데, TV를 켜 놓으면 770개 단어로 떨어지기 때문이다. 더 적은 단어는 더 적은 배움을 의미한다. 또한 아기는 오랜 기간 주위를 기울이면서 배운다. 또한, TV를 더 보는 7세 유아는 주의 집중 문제를 더 쉽게 갖는다. 비디오 프로그램은 계속 영상이 바뀌며 흥미를 유발하므로, 단조롭고 지루한 다른 것은 결코 상대하지 않게 만든다.[5]

## 팝콘 브레인(popcorn brain)

놀면서 배우게 하자는 마음에 한글이나 영어 학습 애플리케이션을 스마트 기기에 깔아주는 부모가 많다. 단기간에 글을 깨치는 자녀를 보면서 기쁨을 느끼고 교육 효과를 믿을 수도 있다. 그러나 미국소아과학회에서 지적했듯이 비디오 프로그램은 2차원 세계이다. 화면을 통해 일방적으로 일부만 보이고 장면이 계속 바뀌면서 흥미를 유발한다. 실제로 공부란 튀는 영상과 달리 한결같이 부지

---

5. 앞의 글

런하고 끈기 있게 오랜 기간 주의를 기울여 집중해야 한다. 그러므로 스마트 기기의 영상에 익숙해진 아이는 집중력과 인내력이 필요한 공부에는 관심이 없어진다.

2011년 CNN 보도에서 데비드 레비(Devid Levy) 교수는 어느 날 생각해보니 집에서 어린 딸과 함께하는 시간보다 메시지를 보내고 메일에 답장하는 등 스마트폰에 더 많은 시간을 보내고 있었다고 했다. 딸보다 스마트폰 사용에 더 강한 애착을 느낄 정도로 스마트폰에 대한 욕구를 거부할 수 없음을 자각하게 되었다는 것이다. 그러면서 그는 '전자 멀티태스킹'(electronic multitasking)[6]의 지속적인 자극에 익숙해져서 훨씬 느린 속도 돌아가는 오프라인 생활에는 부적합하게 된 뇌를 '팝콘 브레인'이라고 불렀다. 즉 팝콘처럼 튀어 오르는 즉각적인 현상에만 반응하고, 다른 사람의 감정이나 단조롭고 느린 변화에는 무감각하다는 의미이다.[7]

> 심리학자 클리포드 나스(Clifford Nass)는 온라인 멀티태스킹을 하는 사람들을 대상으로 한 실험 연구를 진행했다. 실험 대상자에게 얼굴 사진을 보여주었을 때 그 대상자는 사진에 있는 얼굴에 나타나는 감정을 알기 힘들었다. 실험 대상자에게 책

---

6. 다중 작업. 동시에 여러 가지 일을 하는 것, 하나의 컴퓨터로 하나 이상의 프로그램이나 작업을 수행하는 것을 뜻한다.
7. CNN, Does life online give you 'popcorn brain'?(http://edition.cnn.com/2011/HEALTH/06/23/tech.popcorn.brain.ep/index.html)

을 읽어주었을 때는 그 이야기에 나오는 인물들의 감정을 이해하기 어려웠고, 그 인물들이 사람을 더 기분 좋게 하기 위해 무엇을 하는지 말하는 것을 어려워했다. 인간 상호작용은 학습된 기술이다. 멀티태스킹을 하는 사람은 이것을 충분히 연습하지 못하게 된다.

인간의 뇌는 즉각적인 희열, 빠른 속도, 테크놀로지의 예측 불가능성을 갈망하게 되어 있다. 멀티태스킹의 지속적인 자극은 뇌의 주쾌감센터인 중격의지핵으로부터 도파민을 분비하게 한다. 그래서 인터넷을 오래 사용하면 실제로 뇌 구조가 변화한다.

중국에서 수행된 연구를 보면 하루 10시간 정도 인터넷을 접속한 대학생들의 뇌 회백질은 하루 2시간 미만 접속한 대학생들의 뇌와 비교했을 때 작아졌다.[8]

스마트 기기에 중독되면 즉각적인 쾌감에 익숙해지고 실제로 뇌의 구조가 이것에 적합하게 변화한다는 의미이다. 중국 연구자들은 사고를 담당하는 회백질의 변형은 인지 조절의 기능적 손상과 연관되며 만성적 기능장애로 발전할 가능성이 있다고 주장한다.

그러므로 자녀가 건강하게 성장하고 공부에 더 집중하기를 원한다면, 학원에 보내는 것보다 스마트폰 통제를 우선으로 생각해야

---

8. Yuan 외(2011), Microstructure abnormalities in adolescents with internet addiction disorder, PLoS ONE, 6(6)

한다.

## 스마트폰이 가져오는 무관심, 대화 단절, 폭력

 사회적으로 건강하다는 것은 가족, 친구, 이웃과의 좋은 관계를 유지하고 자신에게 주어진 역할을 충실히 해나가는 상태이다. 부모는 맞벌이와 가사 노동으로, 아이는 학원 공부로 가족은 대화의 시간을 충분히 갖지 못한다. 스마트 기기의 등장은 가족들 간의 대화 단절을 더 심하게 만든다.

 아이들은 부모 형제와 함께 거실에 있어도 스마트폰에만 시선을 고정한 채 누군가와 채팅하거나 다른 TV 채널을 본다. 겨우 대화를 나누더라도 눈은 마주치지 않는다. 혼잣말을 하는 것처럼 행동한다. 일상의 대부분을 스마트폰에 빼앗기다 보니 끼니를 거르거나 따로 불규칙하게 먹는다. 일과 시간 관리가 엉망이고, 주변에 관심이 없고, 정리 정돈을 안 하니 방이 지저분하고, 공부나 독서하는 모습이 사라져간다.

### 삭막한 가정

 여성가족부의 〈청소년종합실태조사 결과보고서〉에 의하면, 청소년 42.1%가 아버지와 1일 평균 '30분 미만 대화' 하고, 6.8%는

'대화를 전혀 하지 않는다'고 답하였다. 그나마 어머니와의 대화 시간에 대해서는 청소년 45.2%가 1일 평균 '1시간 이상'이라고 답하였다.

부모님과의 대화 시간

|  | 전혀 하지 않는다 | 30분 미만 | 30분~ 1시간 미만 | 1~2시간 미만 | 2시간 이상 | 해당 없음 |
| --- | --- | --- | --- | --- | --- | --- |
| 아버지 | 6.8% | 42.1% | 21.7% | 11.3% | 12.6% | 5.5% |
| 어머니 | 2.5% | 22.4% | 26.8% | 18.2% | 27.0% | 3.1% |

여성가족부(2011), 청소년종합실태조사, KOSIS 국가통계포털(http://kosis.kr)

특히 아버지와의 대화 시간이 부족한 이유는 무엇일까? 그렇다고 어머니와 충분히 대화 시간을 갖는 것도 아니다. 자녀에 대한 일이라면 아버지와 어머니가 함께 자녀와 소통하고 적절한 역할을 해주어야 아이가 그 양분을 먹고 건강하게 성장해나갈 수 있다. 안타깝게도 청소년들은 한 지붕 아래 양부모와 함께 살아도 실제로는 한 부모, 또는 부모가 없는 가정에서 자라고 있다고 해도 과언이 아니다. 이러한 환경에서 스마트 기기는 부모와 자녀 간의 사이를 더욱 멀어지게 하는 기폭제 역할을 하게 된다.

## 1시간이 1분 : 희박한 시간관념

부모가 자녀의 스마트폰 사용에서 가장 걱정하는 점은 스마트폰 중독이며, 부모 자녀 간 갈등의 원인도 주로 사용 시간 문제이다. 초등학교 교사 Y씨는 대학교 2학년 딸이 스마트폰 사용하는 것을 볼 때마다 답답하고 화가 나서 스마트폰을 빼앗아 부숴버리고 싶을 때가 많다고 한다.

언제나 쭈그리거나 누워서 스마트폰만 보고 있어요. 해가 져서 컴컴해지면, 불을 켜야 한다는 생각도 나지 않는지 컴컴한 방에서 스마트폰을 뚫어지게 보고. 따로 혼자서 밥 먹고 대충 끼니를 때워요. 새벽 2~3시에 잠자고. 해야 할 다른 일들은 전혀 하지 않는 것처럼 보여요. 스마트폰이 딸에게서 다른 것들은 몽땅 빼앗아 간 것처럼. 친구랑 영화도 보고 다른 것도 하고 스마트폰 안 하는 시간이 더 많다고 항변하지만, 전에 비해 도서관에서 빌려오는 책도 거의 없고, 책 읽는 모습이 사라졌어요.

스마트폰을 과다 사용하는 자녀가 느끼고 생각하는 시간 및 일과의 흐름은 부모가 생각하는 것과 다르다. 채팅 시간이 길어지고, 많은 애플리케이션을 알게 되면서 더 많은 애플리케이션을 스마트폰에 설치해서 이용하느라 시간 가는 줄 모른다. 스마트폰에 점점 더 빠져갈수록 1시간을 1분으로 느끼며 시간관념이 없어지고, 자신이 해야 할 다른 일들은 까맣게 잊는다.

2012년 경기도교육청의 학생 스마트폰 이용실태조사 결과를 보면, 도내 초·중·고등학교 학생 66%(초등학생 47.6%, 중학생 75.9%, 고등학생 77.2%)가 스마트폰을 갖고 있었다. 학생들의 1일 평균 사용 시간은 '1~3시간'이 45%로 가장 많았고, '1시간 미만' 27%, '3~5시간' 18%, '5시간 이상'도 10%에 달했다.

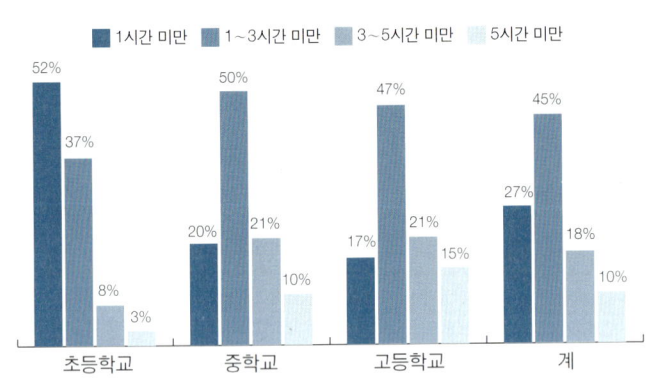

※ 경기도교육청(2012), 청소년 스마트폰 이용실태조사 결과

한국정보화진흥원이 개발한 스마트폰 중독 진단 척도로 분석한 결과, 학생의 2.2%(초등학생 1.04%, 중학생 2.81%, 고등학생 2.42%)가 중독 고위험군(위험사용자군), 5.7%는 잠재적 위험군(주의사용자군)으로 나타났다. 스마트폰 중독 고위험군은 인터넷

중독 위험군 1.01%의 2배 정도나 된다.

### 진정한 친구는 누구?

아이들은 스마트폰을 통해 더 많은 친구를 쉽게 사귀고 소통할 수 있다고 한다. 표면상으로는 더 많은 친구와 쉽게 그리고 자주 의견과 정보를 교환할 수 있는 편리한 기기이며 게다가 24시간 손안에서 접속이 가능하다. 그러나 실제 오프라인 생활에서 소통의 질은 떨어지고 진실한 친구는 오히려 감소한다. 그래서 스마트폰을 과다하게 사용하면 오히려 대인관계 문제가 발생한다.[9]

> 요즘은 스마트폰 메신저로 많이 연락하잖아요. 그런데 아직 스마트폰이 없는 친구가 있어요. 그 친구랑 연락하기가 힘들어서 빨리 스마트폰으로 바꾸라고 재촉은 하는데, 자기는 기어이 약정 기간을 채우고 말겠대요. 그런데 친구가 스마트폰이 아니니까 나도 모르게 멀어지는 것 같아요.[10]

아이들이 친구와 주고받는 문자는 많은 시간을 소비하지만 대부분 단순 문자들이다. 스마트폰이 아이들에게 동질감이나 소속감을 느끼게 하고 우정을 돈독하게 하는 새로운 도구일 수는 있다. 그러

---

9. 윤주영 외(2011), 같은 글
10. 윤주영 외(2011), 같은 글

나 서로의 고민을 들어주고 공감하고 힘이 되어주는 깊이 있는 내면 간의 소통은 불가능할 듯싶다. 작은딸 아이가 친구들과 주고받는 단순 문자는 다음과 같다.

'헐', '크', '이런 ㅠ', 'ㅋㅋㅋ', '풋ㅋ', '히히', '그래 ㅋㅋ', '개 뜬금없네ㅋㄱ', '헐 개귀엽당', '헐 쩐다', 'ㅁㅊㅋㅋㅋㅋㅋ ㅋㅋㅋ', 'ㅡㅡ 아닌데', '간지나', '아 프사졸라웃경 ㅋㅋㅋ', '생선 샀냥', '글쿠나', '왜염?', '그랭', '오키오키', '그뤠ㅋㅋ ㅋ', '어캄?'

미국의 한 학생이 2011년 10~12월에 흥미로운 실험을 했다.[11] 이 실험은 90일 동안 핸드폰, 이메일, 페이스북, 트위터를 끊고 살아보는 것이었다. 시카고 포트폴리오 학교에서 카피라이팅(copywriting)을 전공하는 제이크 라일리(Jake Reily, 24세)는 실험이 끝난 후, 친하다고 생각한 친구 몇 명은 진짜 가깝지 않다는 것을 알게 되었다.

그들은 "내 메시지에 답변이 없으면 나도 너에게 말할 필요 없어."라고 말했다. 내 인생의 한 부분이었던 그 사람들과 완전히

---

11. Jake Reilly's 'Amish Project': 90 days without a cell phone, email and social media (http://news.yahoo.com/90-days-without-cell-phone-email-social-media-015300257.html)

연락이 끊어졌다. 또한 내 주변 사람들에게 주의를 기울이면서 낭만적인 행동을 많이 하게 되었다. 분필을 가지고 다니기 시작했고 자전거를 많이 탔다. 자전거를 타고 사람들을 방문하면서 보도에 분필로 메모를 남겨놓기도 했다. 그러면 그들은 강아지 인형과 같은 뭔가를 창문에 놓기도 하고 '헤이, 나 여기 있어 와서 말해'라는 의미로 호박을 난간에 놓기도 하였다. 만나지 않던 오래된 여자 친구에게 크리스마스 인사를 눈 위에 발로 밟아 뭉개서 했더니, 여자 친구와 다시 만나게 되었다. 가장 끝내주는 일은 편지를 쓰는 것이었다. 거의 75통의 편지를 썼으며 답장을 60통 넘게 받았다.

라일리는 실험 전에 매일 250명이 보내는 트윗을 읽었고 페이스북에 1시간 30분을 낭비했으며 50건의 문자 메시지를 보냈다고 한다. 메시지나 페이스북은 관계 맺기가 실제보다 더 진짜처럼 보이게 만드는 매력적인 겉치장의 기능을 할 수 있다. 하지만 반대로 SNS가 실제 생활에서의 가장 친밀한 관계를 방해할 수 있다.

### 무심코 한 욕설 메시지도 사이버 폭력

2012년 8월 고등학교 한 여학생이 카카오톡 그룹 채팅에 초대되어 응했다가 16명으로부터 모욕적인 욕설과 비하하는 글의 언어폭력을 당해 충격으로 자살했다. 카카오톡이 왕따로 인한 자살의 원인으로 자주 언급되면서, 스마트폰이 폭력 행사 수단이라는 사회 문제로 부각되었다. 씁쓸하게 학교 폭력도 스마트해졌다. 스마트폰이 없어서 당하는 '스마트폰 왕따'를 비롯하여 '와이파이 셔틀'까지 등장하였으니 말이다.

온라인에 무심코 한 욕설과 생각 없이 다른 사람의 개인 정보를 공개하는 것은 심각한 인권 침해 행위이므로 주의해야 한다. 그러나 스마트폰에 빠져있는 아이들은 즉각적이고 충동적이며 쉽게 분노한다. 천천히 깊게 생각하는 능력이 부족하고 자신이 어떠한 잘못을 하는지도 모르며 폭력을 행사한다.

학교폭력예방및대책에관한법률 제2조(정의)에 의하면, 사이버 따돌림 및 정보통신망을 이용한 음란·폭력 정보 등에 의하여 신체·정신 또는 재산상의 피해를 수반하는 행위가 '학교 폭력'의 범주에 포함된다. 여기서 '사이버 따돌림'이란 인터넷, 휴대전화 등 정보통신 기기를 이용하여 학생들이 특정 학생들을 대상으로 지속적, 반복적으로 심리적 공격을 가하거나, 특정 학생과 관련된 개인 정보 또는 허위 사실을 유포하여 상대방이 고통을 느끼도록 하는 일체의 행위를 말한다.

### 음란물에 노출되는 아이들

인터넷을 통해 음란물에 접촉하는 연령이 초등학교 저학년으로 낮아진 지 오래다. 10대의 성(性) 문화는 부모의 상상을 초월한다.

포르노 사진이나 동영상을 다운받아 교환하는 수준을 넘어, 자신의 나체 사진 또는 자위행위 동영상을 교환하기도 한다. 청소년이 스마트폰을 가지게 되면서부터 음란물에 더 쉽게 접촉하고 이를 교환하면서 더 빠르게 음란물을 퍼뜨리고 있다.

청소년이 성(性) 정체성의 확립 이전에 음란물을 접하면 남성상과 여성상이 왜곡되게 된다. 음란물은 성적 본능을 자극하는 성행위와 성기에만 초점을 두고 만들어지기 때문이다. 처음 음란물을 접하면 민망스럽고 거북스럽게 느껴지나, 접촉이 빈번해지면 더 자극적인 음란물을 찾고, 따라 해 보고 싶고, 현실과 혼동하기 쉽다. 거기다가 통제력까지 상실하게 되면 성폭력 범죄를 범하기도 한다.

여성가족부의 청소년유해환경접촉종합실태조사 보고서에 의하면, 유해 매체물 이용 경험률이 '성인용 간행물' 41.1%, '성인용 영상물' 32%, '온라인 음란물' 37.3%, '폰팅·성매매 유도형 전화번호' 1.5%로 몇 년간 증가하고 있다. 특히 '핸드폰 성인 매체 이용 경험률'이 2009년 7.3%, 2010년 7.5%, 2011년 12.3%로 증가하였다. 핸드폰 성인 매체 이용 경험률의 증가는 스마트폰 기능이 발달할수록 음란물에 더 노출되는 것으로 해석된다.

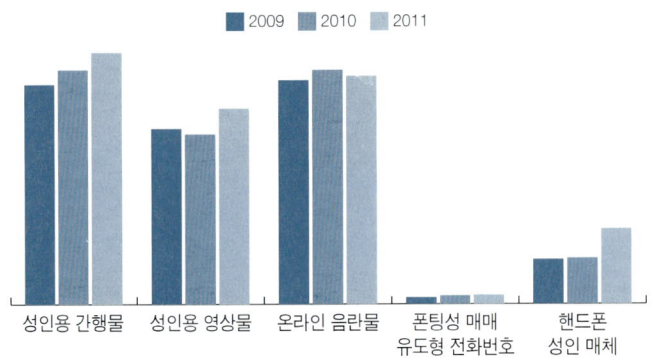

청소년의 유해 매체 이용 경험률

※단위 : %
※여성가족부(2011), 청소년유해환경접촉종합실태조사, KOSIS 국가통계포털(http://kosis.kr)

### 게임하다가 자신도 모르는 사이 '폭탄 요금'

'폭탄 요금'은 개인의 실수나 게임 몰입에서 비롯되는 경우가 많지만, 결제 방식 때문이기도 하다. 컴퓨터에서의 결제는 신용카드, 계좌 입금 등 다양한 결제 수단을 선택할 수 있고 스마트폰으로 인증번호를 받아 입력하여 인증받는 방식이다. 이에 비해 스마트폰에서의 결제는 스마트폰 인증을 거쳐 통신요금에 합산된다. 또한 앱 내부 결제(in-app purchase: 인앱 결제) 방식과 손끝 터치만으로도 결제가 가능하니 소액 결제를 자주 하게 된다. 다음은 자신도 모르는 사이 폭탄 요금 고지서를 받게 되는 경우이다.

● 자신이 잘못 누른 터치 실수로 결제되기도 한다.

- 청소년이 고가의 콘텐츠나 음란물에 접속할 때 부모 몰래 결제한다.
- 게임머니를 산 후, 아이에게 스마트폰을 주었을 때 아이가 누르면 재인증 과정 없이 결제된다.
- 자신만의 게임을 즐기기 위해 아이템이나 캐릭터를 구입하는 등 생각 없이 소액 결제를 많이 한다.
- 청소년 요금제는 통화량과 문자메시지 사용량이 부족하므로 제한선을 넘으면 더 많은 요금이 나온다.

앱(app) 내부 결제는 본체 애플리케이션을 무료 또는 저렴한 가격으로 제공하고, 애플리케이션 내 추가 기능(게임 속 추가 콘텐츠)이나 아이템을 별도로 결제하여 구매하는 방식이다. '지금까지의 내용을 저장하시겠습니까? 게임을 저장하려면 인앱결제가 필요합니다. 진행하시겠습니까?' 이러한 메시지가 떴을 때 한 번 인증이 완료되고 나면, 그다음부터는 별도의 인증 확인 없이도 결제가 자동적으로 이루어진다.

## 스마트폰 때문에 혹사당하는 우리 아이의 몸

신체적으로 건강하다는 것은 아픈 곳이 없는 것뿐만 아니라 몸이 정상적으로 기능하는 상태이다. 과도하게 스마트폰을 사용하면 눈의 피로, 두통, 손가락 손목 통증, 어깨 목 결림의 증상이 나타난다.[12]

### 뻑뻑하고 충혈된 눈

스마트폰의 화면은 TV, 컴퓨터보다 훨씬 작다. 가까운 거리에서 작은 화면에 고정된 눈은 눈 깜박임도 없이 혹사당한다. 눈을 깜박거리면 눈물이 나와 윤활제 역할을 한다. 오랫동안 작은 화면에 고정할수록 눈을 깜박이는 횟수가 부족하게 되고, 안구건조증, 모래가 들어간 것 같은 이물감, 충혈, 눈시림의 증상이 나타난다.

안구건조증을 예방하기 위해서는 스마트폰을 보는 중간에 의식적으로 1~2분간 먼 곳을 쳐다보거나 사용 시간을 줄이고 휴식을 취해야 한다. 임시방편으로 인공 눈물을 사용해도 된다. 특히, 흔들리는 차 안에서 스마트폰 사용은 자제해야 한다.

스마트폰 사용 시 근거리 주시거리에 따라 시력 저하와 굴절이상의 변화가 생긴다. 스마트폰을 15cm 거리에서 30분 동안 사용한 집단은 스마트폰 사용 전과 사용 후에서 원거리 교정시력 저하와 근시의 증가가 나타났으며 스마트폰을 40cm 거리에서 30분 동안 사용한 집단에서는 시력의 변화가 없었다. 그러므로 스마트폰의 사용 거리는 40cm를 유지하고 40cm 이하 거리에서 사용할 경

---

12. 윤주영 외(2011)

우는 최소한 30분 사용 후 5분 휴식을 가져야 한다.[13]

또 다른 연구[14]에서는 지속적인 스마트폰 사용이 사위[15] 및 폭주근점[16]의 변화, 시각적 피로를 초래하는 것으로 밝혀졌다. 스마트폰과 모니터 영상을 짧은 시간 시청한 이후 근거리 사위와 폭주근점의 변화를 비교하였다. 스마트폰 영상 시청에서 나타난 외사위[17] 경향은 모니터보다 큰 것으로 나타났고, 이러한 외사위의 변화는 10분 후 회복되었다. 스마트폰 시청 이후 나타난 폭주근점은 모니터에서보다 멀어지는 경향을 보였으며, 스마트폰은 모니터보다 더 많은 시각적 피로를 유발하였다. 그러므로 시각적 피로의 회복을 위해 스마트폰 사용 중에 적절한 휴식이 필요하다.

### 깨지는 생활 리듬, 쌓이는 피로

스마트폰에 빠진 아이는 잠이 덜 깬 비몽사몽 상태에서 하루를

---

13. 김봉환 외(2012), 스마트폰 사용이 원거리 교정시력과 굴절 이상 변화에 미치는 영향, 한국안광학회, 17(3), 305-309
14. 박경주 외(2012), 스마트폰 사용이 원거리 교정시력과 굴절 이상 변화에 미치는 영향, 한국안광학회, 17(3), 305-309
15. 양안시 기능을 차단했을 때 나타나는 안구의 편위를 말한다. 즉 두 눈으로 한 점을 응시하게 하고 한쪽 눈을 가릴 때 가린 눈이 편위하지 않으면 정상이고 편위하면 사위 또는 잠재사시라고 한다. 편위하는 방향에 따라서 내사위, 외사위, 상사위, 하사위, 회선사위로 나누어진다.
16. 두 눈이 모일 수 있는 폭주력을 알아보기 위해 눈 앞 정면에서 한 점을 두 눈으로 응시하게 하고 한쪽 눈이 바깥쪽으로 외전할 때까지 코쪽으로 접근시킨다. 두 눈으로 응시 할 수 있는 눈에서의 최단거리가 폭주근점(점이 두 개로 보이는 시점)이며 정상범위는 약 7~9cm이다.
17. 가린 눈이 바깥쪽(귀쪽)으로 편위한 것

시작한다. 밤늦게까지 스마트폰을 잡고 있다가 잠들고 잠결에도 SNS, 카카오톡을 확인하고 글을 올린다. 잠자는 동안에도 의식이 스마트폰에 가 있기 때문에 깊은 잠을 잘 수가 없다. 그러니 풀리지 않는 피로는 쌓여간다.

딸 아이는 1학년 때 대중교통을 이용해 1시간 30분 이상 걸려서 대학교에 다녔다. 걸어서 5분 거리였던 고등학교와 달리 적응하기 힘들겠다 싶었다. 한동안 늘 바쁘고 피곤하다고 투덜거리며 자취하게 해달라 졸랐지만 허락하지 않았다. 그런데 그 피곤함은 통학 거리가 멀어서가 아니었다.

지금도 새벽 1~2시까지 스마트폰을 하다가 불을 켜놓은 채로 잠들곤 한다. 하루는 아침에 7시가 되어도 일어나지 않아 학교에 늦을까 봐 깨웠다. 마지막으로 8시에 출근하면서 아침밥 먹고 학교에 가라고 다시 한 번 깨웠다. 출근 후 컴퓨터를 켜고 이메일과 페이스북을 확인하는데, 페이스북에서 큰딸이 게시한 글이 보였다. 게시 시간이 7시경으로 첫 번째 깨울 때, 잠이 덜 깬 상태에서 글을 올린 것이었다. 한 줄 정도의 글이었지만 참으로 어이가 없었다.

**허리와 목에 퇴행성 질환**
거북목증후군은 컴퓨터 앞에 장시간 앉아서 게임하거나 업무를 처리하는 사람들에게 흔히 나타났다. 지금은 스마트폰 과다 사용자가 증가하면서 거북목증후군에 더 걸리기 쉽다. 일명 '수그리족'이라는 신조어가 생겨났을 정도로 고개를 숙여야만 손안의 스마트폰을 볼 수 있기 때문이다.

척추 구조는 옆에서 봤을 때, 목과 허리의 모양이 C자형인 것이 정상적이다. 그런데 스마트폰 등 스마트 기기를 장시간 사용하면 목이 1자형인 거북목(일명 '일자목')으로 변형된다. 경추는 C자형을 유지할 때 머리 무게의 하중을 가장 잘 버티는데, '일자목'으로 되면 하중을 견디지 못하고 뼈와 근육이 한계에 다다르게 된다. 근육이 과하게 긴장하는 상태가 장기화되면 근막통 증후군이 생겨 올바른 자세를 취하고 있을 때에도 통증은 지속된다. 또한 뼈와 뼈 사이에서 완충 역할을 하는 추간판이 돌출되고 파열되어 주변 신경을 자극하면서 여러 통증을 유발한다.

최근 노인성 퇴행성 질환이라고 여겨졌던 목디스크가 스마트 기기를 사용하는 생활습관의 변화로 젊은 층에서 더 많이 나타나고 있다. 목디스크 환자가 60대보다 20대에서 더 많고, 50대보다 30대나 40대에서 더 많다. 10대는 70대보다 적지만 학생들이 병원에 올 시간이 없다는 점을 고려하면 통계 자료에 드러나지 않았을 수도 있다.[18]

---

18. 모커리한방병원 목디스크센터, 『감기처럼 쉽게 낫는 목디스크』, 무크하우스, 2012

엎드리거나 누워서 양손을 들고 스마트폰을 사용하여도 마찬가지로 허리, 어깨, 목 근육이 긴장하고, 이 상태가 오래가면 만성근육통으로 발전한다.

### 쌓이는 체지방

과거 부모 세대는 학교를 마치면 해가 질 때까지 밖에서 친구들과 뛰어놀았다. 놀이가 성장을 위한 밥이었다. 그 시대에는 비만이란 단어조차 없었다. 생활습관병이 무엇인지도 몰랐다.

요즈음 아이들은 방과 후에도 학원에서 학원으로 쫓긴다. 편리한 교통수단은 두 발로 걸을 기회조차 빼앗아 갔다. 풍부한 고칼로리의 음식들은 먹으라고 유혹한다. 스마트폰은 손가락, 손목, 팔, 머리만 움직이게 한다. 일상의 적당한 활동으로 태워야 할 칼로리는 서서히 피하지방으로 쌓여 간다.

## 스마트폰으로부터 자유로워지자

불과 3~4년 전에 등장한 스마트폰은 꼭 가지고 다녀야 할 생활필수품으로 확실히 자리매김하였다. 그러나 어느새 사람들은 스마트폰을 생활용품으로 사용하는 주인이기보다는 점점 스마트폰의 노예가 되어가고 있다.

미디어가 발달하면서 TV 중독, 인터넷 중독, 게임 중독 등이 사회문제로 등장했다. 만프레드 슈피처는 게임 및 인터넷에 중독된 환자들이 디지털 미디어로 인해 그들의 생활이 완전히 파괴되었다며 이러한 질병 양상을 '디지털 치매'라고 불렀다.[19] 이제 스마트폰 중독의 건강 문제에 대한 심각성을 논하기도 전에 스마트폰이 안경으로 들어갔다. 구글은 스마트안경(일명 구글글래스)을 만들어 홍보하기 시작하였다. 조만간 구글글래스가 시중에 판매되어 생활필수품이 된다면 이것 또한 어떠한 부작용이 야기될지 상상하기도 버겁다.

술, 담배는 처음엔 몸이 거부반응을 보이고 익숙해지는 단계를 거친다. 반면에 스마트폰은 일단 아이 손에 들어오면 거부반응 없이 빠르고 강하게 중독되기 쉬우므로 언제 접촉을 시작하는지가 중요하다. 접촉 시기가 어릴수록 더 심각한 중독 문제를 초래하기 때문에 적어도 초등학교까지 스마트폰을 주지 말고, 가능한 접촉 시기를 늦추어야 한다. 현명한 부모라면 영유아기부터 스마트폰 중독을 예방하려는 노력을 시작해야 한다.

아이들 모두가 스마트폰을 가지고 있는 것은 아니다. 스마트폰 없이도 학교생활이나 친구 관계를 원활하게 잘하는 아이도 있다. 조카들 중에 영문학을 전공하는 대학교 2학년 남학생이 있다. 가끔 컴퓨터로 게임을 하면서 스트레스 해소는 하였지만 몰입할 정

---

19. 만프레드 슈피처, 『디지털 치매』, 북로드, 2013

도는 아니었고, 고등학교 때까지 일반 핸드폰조차 없었다고 한다. 대학 입학 후에야 스마트폰을 선물 받았다고 한다. 그전에는 핸드폰을 가지고 싶은 마음이 간절한 것도 아니었고, 오히려 공부에만 더 전념할 수 있었으며, 친구들과도 원만하게 잘 지냈다고 한다.

결론적으로 말하면, 스마트폰의 발달 속도가 빠른 만큼 아이들은 더 고통스러운 성장통을 겪고 있다. 그러므로 스마트폰은 성장하는 아이들에게 신체적·정신적·사회적 건강 문제를 일으키는 정크푸드이다. 아이들이 건강한 성인으로 성장하는 데 필요한 밑거름은 스마트 기기가 아니고, 일상에서의 적당한 활동과 놀이, 규칙적 생활 습관, 그리고 관심과 사랑이다.

## 학교에서 아이들의 스마트폰 중독

### 숨 막히는 경쟁에 사로잡힌 아이들

 필자가 근무한 경기도 한 초등학교 5~6학년 학생들을 대상으로 아이들의 가장 큰 관심거리가 무엇인지 설문조사를 실시하였다. 선생님, 부모님과의 관계, 친구 관계, 성적, 수업, 진로, 장래 희망, 연예인 등 초등학생들에게 관심거리를 조사했는데, 의외의 결과가 나왔다.
 고민거리는 친구 관계, 성적, 진로 등 다양한 부분에 걸쳐 나타났다. 그러나 학생들의 관심거리에 해당하는 설문 문항에 5~6학년 250명 중 65% 아이들이 압도적으로 스마트폰을 선택했다. 여러 가지 보기 중 하나를 선택하는 기본적인 설문이었지만 설문조

쉬는 시간 스마트폰에 빠진 아이들의 교실 모습

사 결과는 우리에게 많은 것을 생각하게 한다. 교실에서 아이들이 가장 관심 있는 것이 스마트폰이라는 것은 아이들의 스마트폰에 대한 의존도가 가정 및 사회를 넘어 이제는 교실 안에까지도 깊숙이 침투했음을 보여준다. 왜 이렇게 아이들이 스마트폰에 빠져들게 되었을까?

2009년 OECD 학업성취도 국제 비교 연구(PISA 2009)에서 대한민국은 최상의 성취 수준을 달성하며 PISA 2009 국제 보고서에 우리나라가 OECD 국가 우수 사례로 소개되는[1] 긍정적 모델이 되었

---

1. 한국교육과정평가원, 'PISA 2009 보도 자료'

학업성취도 평가 모습

다. 또한 2011년 수학·과학 성취도 추이 변화 국제 비교 연구[2] 결과가 발표되었는데, 약 30만 명을 대상으로 조사한 TIMSS 2011에서 우리나라 초등학교 4학년 학생의 수학 성취도는 2위, 과학 성취도는 1위, 중학교 2학년 학생의 수학 성취도는 1위, 과학 성취도는 3위로 매우 높은 성취를 보였다. 이러한 모습만으로는 교육에 관한 한 대한민국은 세계 최고의 나라이다.

하지만 그 이면은 어떨까? 초등학교 4학년 학생의 수학에 대한 자신감은 50개국 중 49위(50위는 일본), 과학에 대한 자신감은 50

---

2. Trends in International Mathematics and Science Study(약칭 TIMSS). 이 연구는 우리나라 학생들의 수학·과학 성취도를 국제적으로 비교하는 연구로 4년 주기로 시행되고 있다.

개국 중 50위. 초등학교 4학년 학생의 수학 학습에 대한 흥미도는 50개국 중 50위, 과학 학습에 대한 흥미도는 50개국 중 48위를 차지했다. 중학교 학생들도 이와 크게 다르지 않다. 우리나라 학생들은 수학·과학의 성적은 세계 최고 수준인데 흥미도와 자신감은 세계에서 가장 낮은 것으로 나타났다.

또한 연세대 사회발전연구소에서 실시한 '행복지수 국제비교'를 보면, 대한민국 어린이와 청소년은 학년이 높아질수록 행복의 조건으로 '돈'을 중시하는 것으로 나타났다. 대한민국 어린이, 청소년이 느끼는 '삶의 만족도'는 연구 결과 경제협력개발기구(OECD) 국가 중 가장 낮았다. 이러한 상황들을 반영하듯 우리나라는 OECD 회원국 중 3년간 자살률 1위, OECD 회원국 중 4년간 행복도 최하위, 학생 사망률 1위라는 불명예를 갖게 되었다.

사회의 축소판인 학교는 과도한 경쟁과 폭력이 난무한 공간으로 인식되고 있다. 살인적인 경쟁 시대에 행복하지 않은 학교에서의 삶은 아이들에게 무엇을 가르치고 있는가? 미래의 꿈을 담보 잡아 현실을 포기하고 견디고 인내하는 것만 가르치는 것은 아닐까? '대학에 가야 하는 이유는 뭘까? 내 꿈은 무엇이며, 내가 잘하는 것은 무엇인가? 내가 하고 싶은 일은 무엇인가?'와 같은 가치에 대한 고민보다는 '어느 직장이 연봉이 더 높은가? 어느 대학이나 고등학교에 가야 나의 스펙에 더 도움이 되는가?'와 같은 소유의 문제에 학생들과 부모들의 관심이 집중되어 있는 현실이다.

학교는 아이들에게 배려와 존중, 꿈이나 희망과 같은 가치들을 좋은 대학에, 좋은 직장에 들어가고 난 후에 생각하라고, 현재는 경쟁의 시대에서 누가 더 오래 견디고, 승자가 될 수 있는지에 대해 관심을 가지라고 말한다. 함께 등교를 하고 함께 밥을 먹고 서로 고민을 털어놓던 친구가 어느새 밟고 넘어서야 할 나의 경쟁 상대로 되어 있고, '나'도 모르게 그 친구를 경계하고 시기, 질투하게 된다. 학생들은 학교를 더 이상 배움이나 자신의 삶을 성숙시키는 공간이 아니라 자신을 점수 매기는 곳, 지겨운 교도소, 숨 막히는 공간으로 여기며 그 답답함을 날려 보낼 수 있는 새로운 문화를 스스로 찾고 있다. 그것이 바로 스마트폰이다.

## 함께 놀 줄 모르는 아이들을 집어삼킨 스마트폰

입시와 공부, 부모와 교사의 기대, 친구들과의 관계 등 이토록 처절하게 압박감을 받는 시기가 있을까? 과도한 스트레스를 받더라도 친구들이나 동료와 함께 건강한 방법으로 스트레스를 해소한다면 스트레스를 주는 요소를 이겨낼 수 있는 내적인 힘이 생겨날 것이다. 하지만, 요즘 학생들이 스트레스를 건강하게 풀 만한 방법은 과연 있을까? 초등학교 아이들의 상황을 보면 문제는 더욱 심각하다. 자기 주도적 학습, 영재교육, 몰입 교육 등 다양한 교육 이론에 빠져, 아이들은 기본적으로 길러야 할 가치나 인성은 배우지 못한 채 부모나 교사들의 눈으로 성취를 확인할 수 있는 지식 위주의 학습에 내몰리고 있다. '어떻게 하면 학원을 더 보내고, 자투리 시간을 효율적으로 사용할 수 있게 할까?'와 같이, 부모와 교사들은 아이들의 가치나 존재는 고려하지 않은 채 지식 습득에만 관심을 두고 있는 안타까운 상황이다.

이러한 상황에서 스마트폰의 대중화는 초등학교 교실에 엄청난 변화를 가져왔다. 경기도교육청이 실시한 〈2012 학생 스마트폰 이용습관 전수 조사〉에 따르면 초중고 학생들 가운데 66%가 스마트폰을 가지고 있다. 과거 스마트폰이 대중화되기 전, 쉬는 시간 또는 점심시간 모습은 어땠을까? 교실이 떠나가도록 친구들과 수다를 떨거나, 교실 한쪽 모퉁이에서 친구들과 삼삼오오 모여 공기놀이나 딱지놀이를 하거나 운동장에 나가서 신 나게 공을 차거나 하늘 높이 뛰며 고무줄을 했을 것이다. 하지만 아이들이 스마트폰을 가지게 되면서 교실의 모습은 예전과는 판이하게 달라졌다. 교실의 반 이상은 쉬는 시간에 스마트폰을 본다. 음악을 듣는 '아이게임'을 하는 아이, 친구들과 카톡을 주고받는 아이, 인터넷 검색을 하는 아이, 웹툰을 보는 아이 등 다른 친구들과의 소통 없이 혼자서 조용히 시간을 보내고 있다.

부모들은 아이들이 학교에서 어떻게 지내길 원하는가? 그것은 아침에 아이를 학교에 보내면서 아이들과 하는 인사에서 알 수 있다. 많은 학부모들은 등교하는 아이에게 언제나 다음과 같은 당부를 한다.

"학교에서 선생님 말씀 잘 듣고, 친구들과 사이좋게 지내고, 차 조심하고…"

어찌 보면 당연한 말이겠지만 이 말뜻에는 학교에서 아이들은 함께 즐거워야 한다는 의미를 내포하고 있지 않을까? 학교에서 친구들과 함께 만나고 공부하고 노는 일련의 활동들은 당연히 즐거워야 하며 그 과정에서 아이들은 성장하고 배워간다. 학교의 기능 중 가장 중요한 것은 더불어 살아가는 법을 배우는 것이다. 아이들은 학교생활에서 다른 아이들과 장난치고 놀고 대화하는 과정을 거치면서 사회 구성원으로서 필요한 여러 가지를 습득하고 배우게 된다. 학교에서 일어나는 모든 일들은 아이들이 올바른 사회 구성원으로 성장하기 위한 밑거름이다. '함께'의 가치는 여기에 있는 것이다.

하지만 스마트폰은 굳이 아이들이 '함께하기'를 요구하지 않는다. 어려서부터 스마트폰에 길들여진 아이들은 굳이 다른 아이와 놀지 않아도 혼자서 충분히 즐겁다. 상처를 주고 상처를 받으면서 배워가는 고통의 과정인 인간관계를 익히지 않아도 살아가는 데 아무 지장이 없는 것이다. 하나의 고독한 섬처럼 말이다. 스마트폰이 장악해버린 교실은 비인간적이고 개인주의적인 아이들을 양산해내고 있다.

## 게임과 SNS에 중독된 아이들

"모하니?"

"게임이요."

"무슨 게임인데 선생님이 가까이 와서 보는데도 몰라?"

"말 시키지 마세요. 샘, 이거 오늘 기록 세워야 해요."

"머 말 시키지 말라고?"

"아 짜증나! 죽었잖아요. 샘 때문에 씨×××"

실제로 쉬는 시간에 교실에서 있었던 일이다. 이 아이는 게임에 몰입하여 옆에 누가 왔는지도 모르고 자신도 모르게 짜증을 내고 있다. 이 아이가 평소에 짜증을 잘 내거나 문제가 있는 아이가 아니기에 더 심각한 것이다. 게임이 아이들에게 가장 문제가 되는 것은 바로 이 몰입성이다. 정말 남는 시간에 유희로 게임을 즐긴다면 문제가 되지 않지만 아직 미성숙한 아이들은 시간과 장소를 불문하고 게임에 빠져든다. 그러면서 게임을 하지 못하는 상황이 되면 금단증상이 일어나고 짜증이 나며 주위 사람에게 공격성을 나타내기도 한다. 게임에 몰입하는 현상은 건강한 정서 발달과 인격 형성에 치명적인 악영향을 초래한다. 이러한 사실은 여러 뉴스와 보도, 연구 자료를 통해 입증된 바 있고 심각한 사회문제로 여겨지고 있다. 그리고 '카톡 카톡'이 가정이나 학교에서 가장 많이 울리는 소리가 아닐까 할 정도로 익숙하다. 그만큼 카카오톡은 아이들의 생활과 관계가 높다는 뜻이다.

아이들은 시도 때도 없이 카카오톡을 한다. 필자가 알고 있는 초등학교 6학년인 ㅅ양은 스마트폰을 손에 쥐고 잠을 잔다. 잠자는 동안 친구들에게 카톡이 올지도 몰라서이다. 스마트폰으로 많은 것을 사용하지만 가장 많이 사용하는 건 역시 '카카오톡'이다. 카카오톡 채팅방이 20개가 넘게 있지만, 꼭 필요해서 대화하는 것이 아니다. 그냥 일상의 소소한 이야기들이다. ㅅ양은 개인끼리 주고받는 개인톡은 물론 여러 명이 단체로 하는 단체톡도 열심히 한다. 카카오톡 대화방에서 빠지게 되면 다음날 학교 가는 것이 두렵기까지 하다고 한다. 이는 스마트폰에 중독된 특별한 학생의 모습이 아니라 평범한 여학생의 모습이다.

초등학교 6학년 정도의 시기는 사회적으로 인정받고 그 안에서 자기 존중감을 높이며 성장하는 시기이다. 아이들은 친구들을 통해 끊임없이 자신의 모습을 확인하고, 다른 친구들과의 관계 속에서 인정받고 관심받기를 원한다. 교복을 줄여 입거나 머리를 물들이거나 욕설을 하는 것과 같이 어른들은 이해할 수 없는 행동들이 학생들에게는 소속감과 유대감을 주는 행동인 것이다. 그렇기에 아이들은 잘못되었다는 것을 알면서도 쉽사리 어른들이 원하는 방향으로 행동을 수정할 수 없는 것이다. 부모와 교사가 원하는 방향대로 했을 경우, 또래 집단과 공유할 수 있는 연결 고리가 사라지기 때문에 친구들로부터의 따돌림이나 외로움을 감수해야 하는 선택 상황에 놓이게 된다. 그렇기 때문에 또래에 민감한 아이들은 친구들의 대화에 끼기 위해서 쉽사리 카카오톡이나 SNS 대화창에서 나오지 못하는 것이다. 하루라도 대화에 끼지 못하면 나만 친구들로부터 멀어진 것 같고 불안한 마음까지 들게 되기 때문이다. 어른들은 쉽게 카카오톡 애플리케이션을 종료하거나 스마트폰을 꺼버리라고 이야기할 수 있지만, 아이들은 그것이 나를 고립시킬 수 있는 양날의 칼임을 알고 있기 때문에 쉽게 종료 버튼을 누를 수 없는 것이다.

## 스마트폰 종류에 따라 아이들 계급이 결정된다

어쩌면 아이들 사이에서 스마트폰은 더 이상 단순한 휴대전화기가 아니다. 기술이 발달하고 새로운 스마트폰이 계속해서 출시되면서 스마트폰은 친구들 사이에서 자신의 위치를 가늠케 하는 도구로 변모하고 있다. 이는 2년 전 전국 모든 고등학교의 '공통 교복'으로 불렸던 '노스페이스' 패딩 열풍과 같은 모습으로 이해하면 된다. '노스페이스'가 그랬듯, 스마트폰이 있느냐 없느냐, 어떤 최신형 스마트폰을 사용하고 있느냐가 아이들 사이의 계급을 정하는 기준이 되는 것이다. 처음에는 몇몇 부잣집 아이들이 사 입으며 시작했다가 그것을 부러워한 아이들이 용돈을 모아 사 입거나 부모님과 성적 흥정을 통해 구입하는 등 이해할 수 있는 정도였다. 하지만 시간이 지나면서 아이들의 폭력 문화, 일진 문화와 만나면서 부정적인 모습으로 탈바꿈했다. 학교에서 힘이 약한 친구의 패딩을 빼앗거나 길거리에서 옷을 빼앗는 등 학교 폭력의 형태로 발전하였으며 이것을 입지 않으면 친구들 사이에서 '찌질이'나 '왕따'가 되는 집단적 괴롭힘의 중심축이 되어버린 것이다. 처음에는 그저 '노스페이스'면 됐으나 시간이 흐르면서 '노스페이스' 회사의 교묘한 상술과 합쳐져 더 좋고 더 비싼 것을 입기 위해 경쟁하는 모습이 되었고 그 때문에 부모님들의 등골을 휘게 한다는 뜻의 '등골 브레이커'라는 신조어까지 탄생했다. 그리고 학생들은 인터넷을 이용해 친구들로부터 빼앗은 옷을 중고시장에 파는 등 그 수법이 날로 교묘해지고 조직화되어 범죄의 수단으로 발전했다. 그 후 학교 폭력의 원인으로 '노스페이스' 패딩이 부각되고 많은 매체들의 부정적인 보도 자료가 쏟아지면서 이 열풍은 서서히 사라지게 되었다. 지금은 그 틈을 스마트폰이 노리고 들어오고 있다.

아이들은 브랜드별, 기종별 판매 가격을 어느 틈에 줄줄 꿰고 있고 그에 따라 새로운 서열을 만들고 있다. 스마트폰은 점점 발전하고 다양해지며 비싸지고 있다. 다양한 종류의 스마트폰은 학생들의 서열을 매기기 유용하며 낮은 등급이나 유행이 지난 스마트폰을 가지고 있으면 무시당하기 좋은 상황이 만들어지고 있다. 그리고 친구가 좋은 스마트폰을 가지고 있으면 나도 갖고 싶다는 자연스러운 감정에서 시작하지만, 그 욕구를 주체하지 못할 경우 아이들은 범죄의 늪으로 빠질 수 있다. 고가의 외제차를 안전과 기능 때문이 아니라 누군가에게 과시하기 위해 고가의 비용을 지불하는 어른들의 모습이 아이들에게도 반영되지 않을까 걱정이 앞선다. 스마트폰은 '노스페이스' 패딩의 모습은 아니지만 그와 유사한 문제들을 낳을 수 있는 소지가 있고, 부모들에게 새로운 형태의 '등골 브레이커'가 될 수 있음은 두말할 필요가 없다. 타산지석(他山之石)의 의미를 되새겨 똑같은 문제가 발생될 것에 대비해야 할 것이다. 그리고 나쁜 것들은 항상 진화하여 더 은밀하게 나타나기에 스마트폰으로 인한 사회적 문제점은 우리가 상상하기 어려운 범위에서 나타날 것이다.

## 아이들을 점점 더 괴롭히는 사이버 폭력

극단적이기는 하지만 지난해 대구에서 카카오톡 문자로 인해 자살한 한 여고생의 예를 봐도 카카오톡으로 인한 폭력은 오프라인상의 학교 폭력과 더불어 심각한 사회문제로 대두되고 있다. 한때 친했던 친구와의 이별로 그 친구 주위 사람으로부터 욕설 문자를 받게 되고, 이상한 소문이 퍼지게 되고, 그것을 감당할 수 없던 소녀는 자살이라는 극단적인 선택을 하게 되었다. 물론 개인 차이는 있겠지만 그 어떤 아이도 이런 상황에 처하면 힘들고 무섭고 불안해지는 것이 당연하다. 예전에 미니홈피의 댓글이나 문자로 이루어진 악의성 글들이 지금은 카카오톡으로 이루어지고 심지어 여러 사람이 한 사람을 공격하는 형태로 변질되어 가고 있다.

"쉬는 시간에 게임을 하고 있었는데 친구가 옆에 와서 계속 귀찮게 해서 다 죽었어요. 그래서 열 받아서 때렸어요."

"친구가 제 스마트폰을 뺏어서 이상한 게임을 깔아서 했어요. 정말 짜증 나요."

"선생님 친구들이 수업 시간에 계속 카톡으로 이상한 말을 해요"

"친구가 제 점수 낮다고 계속 욕하고 놀려요!"

"어제 친구 형이 카톡으로 학교에서 만나면 죽여버린다고 했어요. 너무 무서워요."

이런 이야기는 교실에서 흔히 들을 수 있는 아이들의 일상이다. 여기서 우리가 주목해야 할 점은 스마트폰으로 인해 아이들이 싸우기도 하고 다른 친구를 협박하기도 하며 금전적으로도 피해를 입힌다는 점이다. 이것은 학교 폭력의 진화된 형태이며 당하는 아이들은 심한 모멸감과 자괴감을 느낀다. 부모들은 스마트폰을 꺼버리면 될 것을 왜 그리 고민하고 있냐고 아이들에게 반문할 것이다. 하지만 그것은 그리 쉬운 일이 아니다. 만약, 스마트폰을 꺼놓을 경우, 다른 아이들은 그 아이를 오프라인상에서도 관계를 끊어버린다. 그리고 온라인, 오프라인상에서 철저하게 고립시켜 그 어떤 관계도 맺을 수 없게 만들어버린다. 혹, 여기에 일진이라도 끼면 문제는 더 커진다. 스마트폰을 꺼 놓았을 경우, 일진들은 훨씬 교묘한 방법으로 오프라인상에서 아이들을 괴롭히고 스마트폰을 절대 끌 수 없는 상황을 만든다. 그렇게 되면 왕따를 당하거나 힘이 없어 일진에게 시달리는 아이들은 24시간 지속적인 괴롭힘을 당하게 되는 상황에 놓이게 되는 것이다.

그리고 스마트폰을 이용한 괴롭힘은 어른들이 상상할 수 없는 형태의 사이버 폭력으로 진화하고 있다. 그 대표적인 예가 '와이파이 셔틀'이다. 이는 소위 일진이라는 아이들이 무료로 와이파이를 사용하기 위해 항상 피해자가 핫스팟(무선으로 초고속 인터넷을 사용할 수 있도록 전파를 중계하는 무선랜 기지국)을 켜도록 강요하는 일을 뜻한다. 일진은 싼 요금제를, 괴롭힘을 당하는 아이들은 데이터 무제한 요금제를 쓰게 하고 하루 종일 옆에 끌고 다니면서 인터넷을 쓰는 것이다. 언뜻 보기엔 돈을 빼앗는 것도 아니고 폭력을 행사하는 것도 아니기에 폭력이 아니라고 생각할 수도 있지만 이것은 엄연한 폭력이다. 그리고 이렇게 학교 폭력이 심각한 사회 문제로 대두되는 요즘 스마트폰으로 인해 우리 아이들은 더 많은 학교 폭력에 노출될 것이다.

하지만, 이보다 더 큰 문제가 있다. 아이들은 이러한 폭력을 폭력이라고 생각하지 않는 것이다. 폭력이나 범죄에 대해 무뎌지고 있으며 상대에게 피해를 주는 행동을 단순히 친구 사이에서 있을 수 있는 놀이나 장난쯤으로 여기고 있다는 것이다. 그렇다면 왜 이렇게 놀이와 장난이 심각한 수준까지 이른 것일까? 즐겁지 않은 학교에서, 과도한 압박과 스트레스를 받으며 하루의 절반 이상을 보내는 아이들이, 지쳐 있는 선생님들의 감시를 피해서 할 수 있는 놀이는 무엇일까? 그것은 바로 '장난'이다. 아이들은 지친 현실을 피해, 힘든 상황을 웃음으로 넘기기 위해 재미있는 장난을 친다. 하지만 그것은 적자생존의 원칙에 따라, 힘의 원리에 따라 다양한 모습으로 변화한다. 그 모습이 바로 '폭력'이다.

가해자들은 절대 친구를 괴롭히거나 폭력을 행사한다고 생각하지 않는다. 단지 장난을 좀 심하게 쳤다고 생각한다. 물론 이것은 학부모의 경우도 마찬가지다. '어릴 적에 아이들이 다 그럴 수도 있지.'라고 생각하며 가볍게 넘어가는 것이 현실이다. 또한 혼자 하는 장난은 재미가 없다. 그래서 아이들은 무리를 지어 자신보다 약한 상대를 끊임없이 괴롭히고 거기에서 희열과 만족을 느낀다. 그것이 바로 '집단 따돌림'인 것이다. '빵 셔틀'이란 용어가 인터넷 신조어처럼 보이지만 학교 안에서 집단 따돌림이 어느새 생활화되어 있는 현실이다. 집단 따돌림에 의한 학생들의 자살이 우리나라뿐만 아니라 다른 여러 나라에서도 일어나고 있는데, 그만큼 '따돌림'으로 인한 부작용은 고쳐지기 쉽지 않으며 가해자 학생들이 죄의식을 느끼지 못한다는 것이 가장 큰 문제인 것이다. 그리고 집단

따돌림의 문제는 대부분 학교 안에서 이뤄지는데, 폭력에 직접적으로 관여를 맺고 있지는 않지만 따돌림의 사실을 알면서도 그것을 그냥 묵인해버리는 방관자들의 태도가 아마 집단 따돌림을 더욱 가속화시킬 것이다. 결국, 아이들은 스마트폰을 활용하여 새로운 형태의 폭력을 만들어냈고 이를 막을 수 없는 어른들은 학교 폭력을 범죄라 선포하고 강력하게 규제하기로 했다.

제20조의 3 (정보통신망에 의한 학교 폭력 등)
제2조 제1호에 따른 정보통신망을 이용한 음란·폭력 정보 등에 의한 신체상·정신상 피해에 관하여 필요한 사항은 따로 법률로 정한다. [본조 신설 2012.3.21.]
— 학교폭력예방 및 대책에 관한 법률 [시행 2012.5.1.] [법률 제11388호, 2012.3.12., 일부 개정] 발췌

이는 2012년 5월에 신설된 학교 폭력 관련 법률 개정안이다. 단순히 금전적, 신체적 폭력만을 학교 폭력이라 규정하던 교육부와 일선 학교들은 사이버 공간에서 이루어지는 폭력의 심각성을 인지하고 그 내용을 개정하여 사이버 폭력을 학교 폭력의 하나로 규정했다. 아이들을 이제 더 이상 교육하고 지도하는 것이 아니라 징벌적, 엄벌적 제도로 대하겠다는 의지가 반영된 것이 아닐까 걱정이 앞선다. 이렇게 고시된 새로운 〈학교폭력예방 및 대책에 관한 법

률)에서는 사이버 폭력과 관련된 조항들이 신설되었으나 아직까지는 학교에서 사이버 폭력에 대한 예방이나 대책을 세우기는 매우 어려운 상태이다.

아이들의 폭력은 더 은밀해지고 교묘해질 것이다. 폭력인지 장난인지 구분할 수 없을 정도로. 그리고 아이들은 더 이상 학교 안에서만 다른 친구들을 괴롭히지 않을 것이다. 자신의 스마트폰을 활용하여 더욱 교묘하고 집요하게, 많은 친구들을 동원하여 끊임없이 괴롭힐 수 있는 상황이 된 것이다. 또한 신체적·언어적 폭력을 넘어 정서적 폭력과 함께 폭력의 지속성이 새로운 미디어를 만남으로써 가능해질 것이다. 교사와 부모들이 전혀 알아채지 못할 만큼 가해자와 피해자의 구별이 불분명해지고 학교 폭력에 대한 학교의 인식과 대응 수준이 학생들을 따라가지 못하는 현실에서 단기적이며 엄벌 중심의 대책들은 효과를 거두기 어려울 것이다.

## 자녀의 **스마트폰 중독**을 막기 위한 **유아기** 가정교육

### 스마트폰을 달라고 소리 지르는 아이들

서울에 사는 주부 P씨는 식사를 할 때면 항상 전쟁을 치른다. 밥 먹을 때에도 스마트폰을 갖고 노는 4살 아들 때문이다. "○○야, 밥 먹어야지!" 몇 번을 불러도 아이는 엄마를 쳐다보기는커녕 스마트폰에서 눈을 떼지 못한다. 결국 엄마가 밥을 떠서 입안에 넣어줘야 한다.

몇 개월 전 L씨는 스마트폰 애플리케이션을 이용하면 아이가 한글과 숫자를 금방 익힐 수 있다는 소리를 주변에서 듣고서는 아이에게 스마트폰 애플리케이션을 이용해 동화와 노래를 들려줬다. 몇 개월 만에 아이는 스스로 알아서 스마트폰을 잘 사용하게 됐다. 집중력 있게 한글과 숫자를 배우는 것 같아 아이가 기특하기도 했다. 간혹 밖에서 떼를 쓸 때에는 게임을 하게 해줬다. 하지만 언제부터인가 엄마가 스마트폰을 주지 않으면 아이는 떼를 쓰거나 난폭하게 소리를 질렀다. 전철, 마트, 백화점 등 장소를 가리지 않고 사람들이 많은 장소에서는 더욱 심하게 소리를 지르게 되었다. 주부 L씨는 아이를 혼내지도 못하고 결국은 아이에게 게임 애플리케이션을 실행해주어야 했다.

이것은 필자 친구인 주부들이 겪은 사례이다. 이 사례들처럼 최근의 유아들은 스마트폰을 이미 많이 이용하고 있다.

2012년 『육아정책연구』에 실린 보고서에 따르면 서울·경기 지역 어린이집에 다니는 만 3~5세 유아 252명의 부모를 대상으로 설문조사한 결과 15.1%는 '아이가 매일 스마트폰을 사용한다.'고 답했다.

또한 다른 조사에서는 어린이들이 인터넷 사용에 과도하게 노출되어 있음을 보여주고 있다. 미래부와 한국정보화진흥원이 만 5세~49세 인터넷 사용자 1만 5,000명을 대상으로 실시한 '2012년 인터넷 중독 실태 조사'에 따르면 5~10세 아동의 인터넷 중독률이 성인보다 높으며, 스마트폰 중독 비율이 인터넷 중독을 넘어선 것으로 나타났다. 이는 아이들의 손에는 이미 스마트폰이 쥐어지고 있

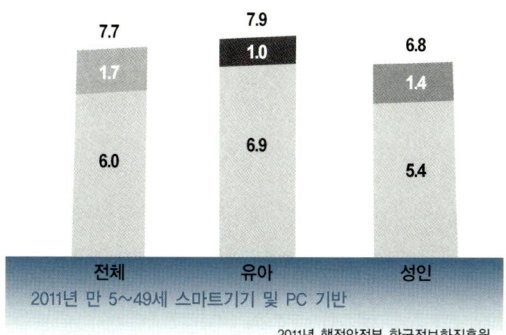

으며 사용 시간도 매우 커서 유아의 생활에 많은 영향을 끼친다는 것을 예상할 수 있다.

여기서는 유아에게 스마트 기기 사용이 어떠한 영향을 미치는지 살펴보고 여러 대안을 생각해 보도록 하겠다.

## 내 아이의 성장을 방해하는 스마트 기기

첫째, 스마트폰의 사용은 유아에게 만족지연[1] 능력의 발달을 방

---

1. 만족지연(delayed gratification): 사람이 원하는 것을 얻기 위하여 기다릴 수 있는 능력을 말한다. 이 능력은 인성 훈련의 한 방법이고, 감성 지능의 중요한 요소이다. 지그문트 프로이트(Sigmund Freud, 1856-1939)가 성격발달이론에서 처음 사용한 용어로, 1960년 스탠퍼드 대학 심리학 교수들이 진행한 일명 '마시멜로 실험'으로 유명해졌다.

해한다. 유아기에는 만족지연 능력이 크게 발달하는 시기이다. 유아는 스마트폰을 이용할 때 자신의 손을 이용하여 화면을 터치하면 빠르게 움직이는 화면이나 소리 등에 즉각적인 반응을 하고 만족감을 얻게 된다. 그러나 즉각적인 만족감을 얻지 못하게 될 때 유아는 일상생활에서 힘들어지게 된다. 예를 들면 유치원에서의 규칙, 차례 등을 지키지 못하여 주변의 또래와 어울리지 못하고 어른들에게 자주 혼나는 어려움에 빠지게 된다.

둘째, 유아의 스마트폰 사용은 뇌 발달에 좋지 않은 영향을 준다. 유아기는 출생 후 0~3세 동안 우뇌가 폭발적으로 발달하는 시기이다. 우뇌는 사회·정서적 두뇌로서 정서·인지 조절과 같은 비언어적 기능과 밀접하게 연관되어 있다. 그러나 스마트폰과 같이 반복적인 자극이 오래 지속된다면 우뇌 발달이 지연될 수 있다. 유아의 뇌 발달을 위해서는 활발한 신체적 움직임뿐만 아니라 생각하고 사고할 수 있는 환경이 중요하다. 스마트폰의 경우는 유익한 내용이 있기도 하지만 뇌에 시청각적인 자극만 주기 때문에 아이는 그러한 자극에 대해서 생각할 겨를도 없이 계속해서 자극만 받게 된다. 그래서 아이는 다양한 감각의 자극을 얻을 수 없게 된다. 스마트폰이 아이의 다양한 지각능력 발달을 방해하는 것이다. 이는 유아의 정서발달이나 사회성 발달에 부정적인 영향을 미치게 된다.

셋째, 유아의 스마트폰 사용은 인지발달에 악영향을 줄 수 있다. 유아기는 부모와의 직접적인 상호작용을 통해 다양한 감각을 발달시키는 시기로 새로운 것에 대한 호기심이 매우 높아지는 시기이기도 하다. 이때 유아가 스마트폰에 익숙해지는 것은 특정한 뇌 기능만을 사용하게 되고, 정보를 수동적으로 받아들이는 것에 익숙해져 능동적이고 창의적인 사고의 발달을 방해하게 된다. 이처럼 수동적인 정보 습득이 습관화되면 기억을 저장하는 뇌의 해마 영역이 퇴화하거나 기능이 저하될 가능성이 높다. 특히 유아들은 스마트폰을 동영상을 시청하는 도구로 생각하는 경향이 많다. 예를 들면, '뽀로로', '로보카 폴리' 등 만화영화를 보기 위해서 이용한다. 그리고 처음에는 스마트폰을 이처럼 동영상을 시청하는 용도로 시작하지만 더 나아가 게임용으로 이용하게 된다. 스마트폰은 화려한 색채, 빠른 전개, 자극적인 음향과 내용을 가지고 있어서 유아에게는 매우 강한 자극이 된다. 대부분의 애플리케이션들이 시리즈물로 되어 있어, 한 번 접하게 되면 지속적이고 장시간 이용하고자 하는 욕구를 갖게 되는 것이 일반적인 현상이다. 그래서 나중에는 이를 하지 못하게 되면 짜증을 내기도 하고, 부모를 때리기까지 하게 된다. 스마트폰은 유아들의 시청각을 자극하지만 정작 아이들의 대근육 운동[2]을 발달시키지 못한다.

---

2. 신체의 목이나 팔, 다리 등 사지와 관계된 행동을 대근육 운동이라고 하는데 운동기능(locomotion skill)과 비운동기능(nonlocomotion skill)으로 나뉜다. 운동기능에는 기기, 걷기, 달리기, 뛰기(jump), 구르기, 나르기, 오르내리기 등이 속하고 비운동기능에는 들기, 밀기, 끌어당기기, 던지기, 받기, 차기 등이 이에 포함된다. 대근육 운동은 큰 근육들의 협응능력을 꾀하여 운동기능을 발달시키고, 신체의 균형적 발달, 눈과 손의 협응력 그리고 균형 있는 바른 자세 유지를 그 목표로 하고 있다.(『사회복지학사전』, Blue Fish, 2009.8.15)

넷째, 언어발달에 부정적인 영향을 준다. 유아들은 부모와 함께 '말하는 고양이 톰'이라는 애플리케이션을 많이 이용하기도 한다. '말하는 고양이 톰' 애플리케이션에서는 사용자가 스마트폰에 자신의 말을 하면 마치 헬륨가스를 들이마시고 말할 때처럼 그 말을 다시 들려주는데, 이것이 아이들에게는 재미있게 들리기 때문이다. 어른들은 이 애플리케이션을 이용하여 아이가 말을 빨리 배우는 것을 보고 이것이 아이의 언어발달에 도움을 주는 것이라고 쉽게 생각할 수 있다. 그러나 의사소통 및 언어발달이라는 것이 단순히 상대방의 말을 듣고 하는 것은 아니다. 상대방의 제스처나 눈빛 등을 보고서 이야기를 나누어야 한다. 상대방의 기분을 읽으면서 대화를 해야지 성공적인 대화가 될 수 있는데 아이들이 스마트폰으로 대화하는 방법을 익히게 된다면 상대방의 기분을 이해하는 사회적 기술이 부족해질 수 있다.

다섯째, 대인관계 기술에 부정적인 영향을 준다. 친구를 사귀고, 싸우기도 하고, 사랑하고, 상황에 따라 문제를 해결하는 등 인간은 살아가는 데 다른 사람과의 관계를 형성하게 된다. 이러한 과정을 통해서 스스로 인격을 성장시키고, 원만한 인간관계를 유지하게 된다. 그러나 친구들과 관계를 맺는 시간이 줄어들게 되며 유아 혼자 하는 시간이 점차적으로 늘어나게 된다. 이러한 현상은 유아기 때에 필요한 또래와 성인들과의 관계 형성에 대한 대인관계 기술을 배우는 데 어려움이 따르게 되며, 이는 곧 아이가 사회적 존재로 성장하지 못하고 스마트폰의 화면 속에서 스스로 고립되는 결과를 낳을 수 있다.

발달단계로 볼 때, 유아 시기의 아이들은 현실과 상상을 구분하지 못하는 경향이 있다. 2~7세의 유아는 자기중심적 사고의 영향으로 자신의 입장에서만 사물을 바라보게 된다. 아동발달심리학에 따르면 자기중심성이란 유아가 자신의 입장에서만 사물을 보고, 다른 사람의 생각, 관점이나 감정을 충분히 이해하지 못하고 자신과 동일하다고 가정한다는 것을 뜻한다.[3] 자기중심적 사고는 피아제(Jean Piaget)의 세 산 실험에서 잘 나타나고 있다.[4]

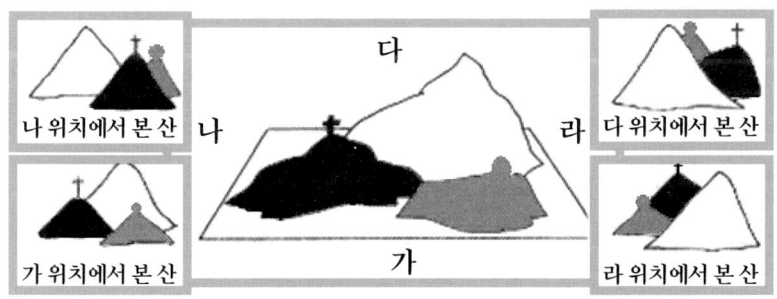

피아제(Piaget)의 세 산 모형 실험

큰 산, 작은 산, 매우 작은 산이 함께 있는 모형이 놓인 책상 앞에 5세 유아를 앉힌다. 그다음 유아가 앉은 자리에서 보이는 산의

---

3. 최경숙, 『아동발달심리학』, 교문사, 2006
4. 최경숙, 같은 책

조망을 여러 그림들 중에서 고르게 한 후, 맞은편에 인형을 앉히고 유아에게 그 인형에게는 산의 모습이 어떻게 보이는지 물으면, 유아는 인형도 자신이 보고 있는 모습과 같게 볼 것이라고 답한다. 이처럼 이 시기에는 자기중심적으로 사고를 하게 되는데 유아가 스마트폰에 몰입하게 되면, 현실과 상상을 실제로 인식하는 경향이 더 강해지게 된다.

그리고 스마트 기기 사용은 유아의 신체적 발달과 건강을 여러 가지로 위협한다. 우선 스마트폰 사용 과정에 발생하는 전자파는 유아에게 위험하다. 각종 전자 제품에서는 전자파가 발생하는데 이는 무색무취로 우리의 눈에는 보이지 않고 피해가 금방 나타나지도 않는다. 전자파에 노출이 되면 두통, 시력 저하, 백혈병, 뇌종양, 호르몬 장애 등도 나타날 수 있다. 또한 스마트 기기 사용으로 아이들의 운동량이 떨어져서 체력이 저하된다. 스마트 기기를 많이 보게 되면 시력 저하가 나타나기도 하고, 바르지 못한 자세를 장시간 유지하기 때문에 근육의 경련이나 디스크 등을 유발할 가능성이 높다.

## 스마트 기기 사용 시작 연령은 최대한 늦춰야 한다

그럼 여기서 의문점이 하나 생긴다. 아이들이 몇 세부터 스마트 기기를 접하는 것이 좋을까? 발달단계에 알맞은 교육 방법이 있는 것처럼, 스마트 기기의 사용이 적절한 나이 또한 있을 것이다.

사람 뇌의 약 80%를 차지하는 대뇌피질은 언어·사고·학습·지혜의 중추이다. 이 부위는 온갖 감각 기관을 통해 들어오는 자극들을 최종적으로 판단, 종합하고 처리하여 그에 필요한 반응 명령을 내린다. 특히 이 대뇌피질의 맨 앞쪽을 이루고 있는 전두엽은 인간의 종합적인 사고와 창의력, 판단력, 주의 집중력, 감정 등을 조절하는 가장 중요한 부위일 뿐만 아니라 인간성, 도덕성, 종교성 등 최고의 기능을 담당한다고 서유헌 서울대학교 교수는 말한다. 따라서 아이의 발달단계에서 대뇌피질의 정상적인 발달이 그만큼 중요하다고 할 수 있다. 뇌는 단계별로 집중적으로 발달하는 영역이 있는데 그 시기에 적절한 교육이 수반돼야 발달할 수 있다.

스마트 기기는 최대한 늦은 나이에 사용하는 것이 좋다. 6세 이전까지 종합적인 사고를 담당하고 있는 전두엽이 활발하게 발달하고, 정서적 안정이 가장 필요한 시기이기 때문이다. 스마트 기기는 시각과 청각에 관련된 뇌 부분을 강하게 자극할 뿐, 논리적 사고력과 문제해결력을 주도하는 전두엽에는 거의 자극을 주지 않는다.

따라서 영·유아기부터 스마트 기기에 빠지면 전두엽이 발달하지 못해 정보를 통합하는 사고력이 떨어진다. 또 뇌는 시기마다 집중적으로 발달하는 영역이 있는데 그때 한창 스마트 기기를 사용하면 뇌가 발달할 기회를 놓쳐버린다.

뇌는 과잉, 장기간 자극에 손상을 받는다. 전선에 과부하가 걸려 화재가 발생하는 것과 같은 이치이다. 재미있고 신선한 자극은 뇌의 발달에 긍정적 영향을 미친다. 문제는 이때의 자극이 아이가 사고하고 문제를 해결할 수 있는 바람직한 자극이어야 한다는 것이다. 그 자극은 아이가 실제로 생활하는 환경 속에서 경험과 체험을 통해 얻을 수 있다. 이는 스마트 기기의 단순 반복적인 자극보다 아이들의 뇌 발달에 더 효과적이다. 오히려 운동이나 놀이를 통해 얻는 자극으로 뇌는 정상적이고 균형적으로 발달한다.

사회성 발달 과정에서 중요한 것은 부모와 또래 친구들과의 관계이다. 영유아기 때에는 부모와 안정된 애착 관계를 형성하는 것이 중요하다. 그러지 못하면 사람들에 대한 불신이 커지고 사회성 발달의 기초를 다질 수가 없다. 따라서 부모는 아이의 행동과 감정에 늘 관심을 갖고 반응을 보여야 한다. 아동기 때에는 친구와의 상호작용을 통해 사회성을 연습하고 발달시켜나가는 시기이다. 이런 시기에 스마트 기기를 계속 사용한다면 타인과의 정상적인 상호작용을 통해 얻는 사회적 기술 발달을 더디게 한다. 스마트 기기와의 상호 과정은 일방적이거나 한계가 있기 때문이다. 뇌 발달

단계와 사회성 발달 단계를 다시 살펴보면 공통적으로 6세 이전의 시기가 아이의 발달 과정에서 아주 중요한 시기라는 결론을 도출해낼 수 있다. 스마트 기기는 부모와 가족, 친구를 대신할 수 없다. 이 시기에는 오히려 다른 사람들과 보다 더 폭넓은 관계를 형성하고 많은 경험과 놀이를 통해 사회적 기술을 배워나가야 한다.

마지막으로 일반적인 정서발달 과정을 살펴보자. 정서지능이란 자신과 타인의 감정을 이해하고 배려하며 자신의 감정을 조절하여 상황을 선택하고 행동하는 능력을 말한다. 일반적으로 정서지능은 '정서인식 → 정서표현 능력 → 정서조절 능력' 순으로 발달한다. 정서인식은 타인에 대한 감정을 이해하는 것을 말하며 정서표현 능력은 타인에 대한 감정을 인식한 것을 내가 적절하게 표현하는 능력이다. 정서조절 능력은 자신과 타인의 감정을 적합하게, 효과적으로 조정하여 계획을 수립하고 목표를 성취하기 위한 것을 말한다. 아이마다 어느 정도 차이는 있지만 아이가 생후 3~4개월만 돼도 '희로애락'(喜怒哀樂)의 기본 정서를 이해하고 표현할 수 있다고 한다. 태어날 때부터 아이의 정서가 발달하는데, 그 과정에는 아이의 경험, 인지와 언어 능력의 정도, 타인과의 관계 등 여러 요소들이 작용하게 된다. 1세가 되기 전에는 다른 사람의 표정이나 목소리에 반응하여 감정을 분별할 수 있고, 이를 신체 반응으로 표현할 수 있다. 5~6세가 되면 감정이 보다 다양해지고 세분화된다. 타인의 정서에 공감하기 시작하고 감정 표현이 많아지며 반대로 감정을 숨길 수도 있다. 출생부터 정서의 발달이 시작되어 6세 이내에 인간이 살아가는 데 필요한 기본적인 정서가 형성되는 것이다. 학령기의 아이는 상황에 따라 정서를 조절할 수 있게 된다. 짜증 나거나 어려운 상황에 닥쳐도 융통성 있게 다른 해결 방법을 찾으려고 시도하는 시기이다.

하지만 스마트 기기는 아이에게 화려한 그래픽과 음향을 일방적으로 전달만 할 뿐이다. 그 과정에서 아이는 타인과 상호작용하는 방법을 배울 수 없다. 따라서 자신의 말과 행동이 다른 사람에게 어떤 영향을 끼치는지 알 수 없으며, 생각할 기회조차 잃게 된다. 자연히 타인의 감정을 읽는 능력, 감정 조절 능력, 상호작용 능력, 참을성이 떨어지게 된다. 즉 정서지능의 발달을 방해하는 것이다. 정서가 안정되어야 옳은 판단을 할 수 있고 책임감 및 학습 능력도 잘 발휘할 수 있게 된다. 아이의 정상적인 발달을 위해서는 스마트 기기 사용 시기는 최대한 늦춰야 할 것이다.

스마트 기기의 사용은 사고력의 발달보다는 자극적, 감각적인 면만을 활발하게 만든다. 흥미를 불러일으켜 몰입을 하게 만드는 스마트 기기를 오래 사용하면 도파민[5]이 활발하게 활동한다. 도파민은 신경전달물질의 일종으로 학습에 영향을 미친다. 도파민이 적당하게 분비되면 사람들은 행복, 만족감을 느끼게 되고 학습에

---

5. 쾌락과 행복감에 관련된 감정을 느끼게 해주는, 신경전달물질과 호르몬으로 이용되는 물질이다(『시사상식사전』, 박문각, 2013).

서의 동기부여가 잘 되므로 학습이 즐겁다고 느낀다. 그런데 문제는 도파민이 과다하게 분비될 경우, 부작용을 일으킨다는 것이다. 사람들은 주로 스마트 기기를 통해 인터넷 검색이나 게임을 하는데, 대부분 이러한 활동들은 반응 시간이 짧고 즉각적이어서 도파민을 쉽게 만들어낸다. 이때 도파민은 중독이 강하고 술과 마약과 같이 내성이 있어서, 사용자는 더 이상 작은 자극으로는 만족을 느끼지 못하기 때문에 갈수록 더 큰 자극을 요구하게 된다. 이 과정에서 뇌는 시각적 자극에만 집중되어 다른 자극에 대한 발달은 막히게 된다. 이처럼, 도파민은 적정량이 분비된다면 학습에 효과적이지만, 마약과 같은 중독성이 있기 때문에 과하게 분비될 경우 자제력이 없어지고 생활이 스스로 통제되지 않으며 쾌락적인 행동에 중독되게 만든다.

아이가 스마트 기기에 빠져 중독에 이르는 또 다른 원인은 어른과는 달리 자신의 욕구를 다스리는 능력이 부족하기 때문이다. 이것은 정서지능에 속하는 능력이다. 일반적으로 6세 이내에 인간이 살아가는 데 기본적으로 필요한 정서와 인지 관련 신경망이 튼튼하게 연결된다. 따라서 6세 이전 아이들의 성장은 매우 중요하다. 부모와 신뢰를 바탕으로 한 애착 관계를 형성한 후, 다양한 자극을 받으며 성장할 때 아이의 뇌는 더 많은 발달을 한다. 이런 과정을 통해 기초적인 신경망이 제대로 발달된 아이는 성인이 되어서도 대인관계와 감정 처리 능력이 좋다. 어릴 때부터 통제 능력을 길러

주고, 좋은 습관을 들이면 스마트 기기를 사용하면서 발생할 수 있는 후유증을 극복하는 게 훨씬 쉬울 것이다.

1966년 스탠퍼드 대학의 월터 미셸 박사는 653명의 4세 아이들을 대상으로 한 실험의 연구 결과를 발표했다. 일명 '마시멜로 실험'이라 널리 알려진 이 실험 내용은 다음과 같다. 한 개의 마시멜로를 준 뒤, 이것을 15분 동안 먹지 않고 견뎌내면 한 개의 마시멜로를 더 주겠다고 했다. 결과는 30%의 아이들만이 유혹을 견뎌냈다. 흥미로운 점은 15년이 지난 후 당시 실험에 참가했던 아이들을 다시 인터뷰했는데, 마시멜로의 유혹을 잘 견뎌낸 아이들의 SAT(미국 대학수능시험) 평균 점수가 그렇지 못한 아이들에 비해 210점이나 더 높았다는 것이다. 또한 최초 실험일로부터 45년이 지난 2011년에 실험 대상자들을 다시 찾아내어 조사한 결과, 마시멜로를 당장 먹지 않고 참아낸 아이들은 중년이 된 이후에도 성공적인 삶을 살고 있었다. 반면 그렇지 못한 아이들은 비만, 약물중독, 사회 부적응 등의 문제를 가진 어른으로 살고 있었다. 이 실험은 '만족지연 능력'을 알아보기 위한 실험으로 바람직한 행동을 수행할 수 있도록 자신의 욕구를 통제하고 조절하는 능력이 성공적인 인생에 있어서 얼마나 중요한지를 보여주고 있다.

이처럼 만족지연 능력, 자기통제 능력과 같은 정서지능은 두뇌가 폭발적으로 발달하는 어린 시절에 잡아주는 것이 좋다. 이때의 감정과 경험들이 성인이 되어서까지 영향력을 행사하기 때문이다.

또 이런 능력이 있는 아이는 청소년이 된 후에도 스마트 기기에 쉽게 빠지지 않고 자기가 필요한 만큼만 잘 사용할 수 있다.

유아기 아이들의 두뇌 발달을 위해서는 지속적이고 끊임없는 적절한 자극, 부모님의 충분한 관심과 사랑을 주어 풍족한 환경에서 사고력, 지성과 창의력 발달, 안정적인 정서의 토대를 쌓을 수 있도록 해주는 것이 필요하다. 스마트 기기에 집착하는 아이로 만들고 싶지 않다면 당장 스마트 기기를 아이의 곁에서 멀리 떨어뜨려 놓자!

## 아이의 정서 발달을 도와주는 엄마의 역할

오늘날에는 미래에 행복하고 성공적인 삶을 살기 위해 필요한 핵심 역량으로 창의력과 문제해결력, 정서지능 등을 꼽고 있다. 핵심 역량은 '학습'을 통해 향상시킬 수 있는 능력들이다. 부모들은 아이들의 창의성과 정서지능을 키우기 위해 다양한 교육을 시도하고 있다. 최근 하나의 패러다임으로 자리 잡은 스마트 기기를 활용한 교육도 이미 가정에서 많이 이뤄지고 있다. 하지만, 아직까지 스마트 기기를 활용한 교육이 아이의 학습 발달에 긍정적인 영향을 끼친다는 결과가 실제적으로 입증된 바는 없다. 반대로 스마트폰이나 태블릿PC의 사용이 게임 중독, 창의력과 사고력의 저하를 가져온다는 연구들이 계속 나오고 있다.

결국 본래의 전통적인 교육 방식이 아이에게 효과적이라는 말이다. 부모와 따뜻하고 신뢰 있는 관계를 형성한 아이들은 발달 과정에서 어려움을 겪지 않는다. 정서가 안정된 아이들은 안식과 생존 문제에 집중되어 있던 관심을 다른 곳으로 돌려 정상적인 뇌 발달 과정에 에너지를 쏟을 수 있다. 부모와의 애착 관계는 그만큼 아이의 발달 과정에서 중요한 위치를 차지하고 있다. 따라서 건강한 애착 관계를 형성하기 위해 부모가 아이와 함께할 수 있는 놀이와 교육, 대화법에 대해서 소개하고자 한다. 아이는 하루 동안 가장 많은 시간을 부모, 특히 엄마와 보낸다. 그만큼 엄마의 역할이 중요하다.

### 부모와 함께하는 놀이와 체험 교육

미국 버클리대 뇌 신경학자 메리언 다이아몬드는 미로에 있는 쥐와 우리에 있는 쥐를 비교했다. 미로에서 활발하게 놀았던 쥐는 활동량이 많아 일반 쥐보다 대뇌피질 두께가 훨씬 두꺼웠다. 활동량이 많으면 인지발달을 촉진한다는 뜻이다. 따라서 어릴 때, 특히 아동기에는 종합적인 사고력, 창의력, 판단력, 감정 조절 능력을 발달시킬 수 다양한 놀이와 경험을 많이 하는 것이 좋다. 아이가 사고하는 과정에는 먼저 많은 정보가 필요한데 직접 경험하는 것만큼 정보를 많이 축적하는 방법은 없다. 박물관 견학, 교구 체

블록 쌓기 놀이는 블록을 집어 올리고 쌓으며 소근육을 발달시킬 수 있다. 다양한 구조물을 쌓으면서 표현력과 상상력, 공간 개념을 기를 수 있다.

험, 신체 놀이, 재활용품을 이용한 놀이 도구 만들기 등 뇌 부위를 자극할 수 있는 활동이 필요하다. 부모에겐 시기별로 아이에게 적합한 놀이와 체험 교육을 하려는 노력도 필요하다. 부모와 함께 몸을 부대끼며 하는 놀이를 통해 인지적 발달뿐만 아니라 정서적인 안정 또한 얻을 수 있다.

### 사고력과 창의력을 발달시키는 대화 교육

전 세계적으로 유대인의 영향력은 강하다. 자연스레 그들의 자녀 교육 방법에 대해 사람들의 관심이 모여들었다. 방법은 의외로 간단하다. 바로 '대화'이다. 유대인식 대화법을 살펴보면 우선 부모는 자녀의 말을 주의 깊게 듣고 심리 상태를 파악한 후, 대화의 주제거리나 토론의 논쟁거리를 제시한다. 그다음에는 충분히 대화를 하는데 이때 부모가 어떻게 질문하느냐가 중요하다. "네.", "아니요."와 같은 단답형이 아니라 아이의 생각을 자유롭게 표현할 수 있고 다양한 대답을 할 수 있도록 확산적 질문을 해야 한다. 예를 들어 다음과 같은 질문이다.

"네가 주인공이라면 누구 편에 섰을까?"
"공부가 하기 싫은 것은 어떤 마음에서 그런 걸까?"

이런 질문은 아이 스스로 문제를 주의 깊게 인식하며, 그 문제에 대한 사고를 자극함으로써 문제를 분석, 비판, 종합하는 창의력을 계발시키는 데 도움이 된다. 따라서 부모와의 대화는 아이의 사고와 언어발달을 촉진시킬 수 있다. 그뿐만 아니라 대화를 통해 부모와 아이는 서로의 감정을 이해하고 갈등을 줄이며, 사랑을 느낄 수 있다. 부모는 아이의 가장 가까운 스승이다. 일상생활에서 효과적이고도 손쉽게 사고력과 창의력을 길러줄 수 있는 교육 방법인 '대화'를 실천하도록 하자.

### 인성 교육

지식 교육 못지않게 중요한 것이 바로 인성 교육이다. 정서지능은 거의 6살 이전에 완성되는데 이 시기에 예절 교육, 도덕교육이 잘 이뤄져야 성인으로 성장한 후에도 사회성이 잘 발달해 예의 바른 사람이 될 수 있다. 영유아기, 아동기에는 도덕성을 기르기 위해 하면 안 되는 행동에 대한 이유를 구체적으로 알려주고, 부모가 직접 아이에게 도덕적인 행동을 보여주면서 모범을 보여야 한다.

도덕적이고 다른 사람을 소중히 다룰 줄 아는 부모로부터 아이는 이 세상이 다른 사람들과 함께 살아가야 하는 곳이고 타인을 존중하고 소중하게 여길 때 비로소 자신도 존중받을 수 있음을 배우게 된다. 따라서 아이가 자연스럽게 느끼게 행동하도록 허용해주고, 자아정체감을 형성하는 데에 도움이 되도록 대화를 많이 나누고 다양한 경험을 할 수 있도록 옆에서 조력해주는 노력이 필요하다. 부모와 함께 봉사 활동을 하며 다른 사람을 배려하고 이해하는 마음을 길러주는 것도 좋은 방법이다.

독서 교육

사고력의 확장기에 있는 아이들에게 스마트 기기보다는 오히려 책을 가까이하는 것이 더욱 긍정적이다. 책을 통해 세상에 대한 간접 경험을 할 수 있고, 주의 깊게 읽는 과정에서 사고력을 기를 수 있기 때문이다.

영·유아기에는 그림책을 보여주는 것이 좋으며 의성어나 의태어를 활용하여 읽어주면 아이의 흥미를 이끌어낼 수 있고 책 읽는 태도를 바르게 잡아줄 수 있다. 부모님과 함께 책을 읽는 것도 좋

영유아기에는 부모가 옆에서 그림책을 소리 내어 읽어주는 것이 좋다.

으며 아이 스스로 소리 내어 읽게 하여 언어발달을 돕고, 전래동화와 같은 교훈적인 내용이 담긴 책을 읽는 것이 좋다. 책을 읽고 난 후 부모와 이야기를 하거나 자신의 생각을 표현할 수 있는 다양한 독후 활동이 효과적이다. 책의 종류도 아이가 스스로 선택할 수 있도록 하는 것이 좋다.

아이들의 바람직한 성장에 효과적인 방법을 선택하는 것은 학부모에게 달려 있다. 아이의 성향을 파악하고 그에 알맞은 교육 방법을 부모가 선택하면 되는 것이다. 다만, 중요한 것은 각 교육 방법의 장단점을 부모가 정확히 이해하고 있어야 한다는 점이다. 새로운 교육 패러다임의 전환으로 무조건 그 교육 사조를 따라갈 것이 아니라 부모의 교육 철학을 세우고 곧은 심지를 갖고 아이를 교육해야 한다는 것이다.

빌 게이츠는 "내 아이에게 컴퓨터를 사줄 것이지만 그보다 먼저 책을 사줄 것"이란 말을 했다. 현실에 무감각해지는 아이로 만들 것인가, 생각하는 아이로 만들 것인가? 분명 후자를 원할 것이다. 손바닥 안, 모니터 안 작은 세상에 생각마저 잃어버리는 아이로 만들 것이 아니라 배우는 것이 즐겁고 사람들과 서로 소통하며 행복한 아이로 성장할 수 있도록 도와주는 부모의 역할이 크고 중요한 때이다.

# 아이와 가정을 살리는 미디어 다이어트

## 미디어 다이어트를 시작하자

요즘 대한민국 10~20대 연령대 사람들 대부분은 외모에 매우 관심이 많다. 외모에서 가장 민감하게 생각하는 것은 살이다. 살이 1kg만 늘어나도 마음에서 외모에 대한 걱정이 늘어난다. 그래서 사람들은 살을 빼려는 다이어트를 일상생활에서 실천하기도 한다. 외모에 대한 관심 때문에 신체적 건강을 위한 노력을 하고 있는 것이다.

이러한 다이어트는 체중에만 적용할 것이 아니라 아이들의 건강한 성장을 위해 삶의 전반으로 확장하여 실천해야 한다. 특히 넘쳐나는 미디어와 콘텐츠의 홍수 속에서 과도한 미디어 사용을 절제하고 조절하는 다이어트가 필요하다. 미디어 다이어트란 미디어 세상 속에서 미디어 사용을 스스로 조절하고 절제하는 문화 금식인 것이다.

요즘은 가족 구성원들이 서로 너무 바빠서 만날 시간이 없다고 한다. 하지만 실제로 가족의 모습은 어떠한가? 아버지는 신문을, 어머니는 텔레비전을, 자녀들은 스마트폰을 보며 같은 공간이지만 서로 다른 세상에 있지 않은가? 요즘은 신문이나 방송, 영화나 인터넷, 스마트폰, 라디오, 광고 등 수없이 다양한 미디어가 공기처럼 존재하고 있으며 가족 구성원들은 그 미디어 안에서 자신만의 방식으로 타인과 소통하고 관계 맺고 있다. 아이러니하게도 눈앞에 있는 소중한 사람들과의 소통과 관계는 고려하지 않은 채 말이다. 가족들이 만날 수 있는 식사 시간, 잠깐의 여가 시간에 미디어를 잠깐 손에서 내려둘 여유가 필요하다.

사람이나 체질에 따라 다이어트의 성격이 달라지듯이 미디어 다이어트 역시 연령에 따라 사용자에 따라 다양한 방법으로 진행되어야 한다. 유아와 초등학생들에게는 미디어 금식과 절제를 가르쳐야 한다. 인내하고 다양한 놀잇거리를 통해 관계 맺고 소통하는 방식의 다이어트가 아이들의 내적 성장을 도울 것이다. 중고등학생 이후로는 조절하며 효율적으로 미디어를 다루면서 그 안에 다양한 소통의 방법이 있음을 인지할 수 있도록 가르쳐야 한다. 오프라인에서 만날 수 없는 새로운 세계에서 자신의 삶을 건강하게 만드는 다이어트 방식이 적당하다. 절제와 선용이 모두 다이어트의 한 부분인 것이다. 다이어트의 성공 여부는 몸무게를 얼마나 뺐느냐가 아니라 건강한 상태를 얼마나 유지하느냐가 결정하는 것처럼 말이다.

미디어 세상 속에서 얼마나 미디어를 조절하고 절제하느냐가 미디어 다이어트의 최종 성공 여부를 결정하는 것이다. 다이어트를 할 때보다 유지하는 과정이 훨씬 더 힘들고 어렵다. 몸무게를 줄일 때는 성취동기나 목표가 확실하다. 그러나 건강을 위해 빠진 몸무게를 유지하는 것은 성취동기나 목표가 다소 낮아진 상태에서 스스로 절제하는 습관으로 자신과의 싸움을 해야 하기 때문에 훨씬 어려운 것이다. 만약, 자신과의 싸움에서 지게 되면 살이 빠지기 전 원래 상태로 돌아가는데 우리는 이것을 '요요 현상'이라고 한다.

요요 현상은 미디어에서도 일어난다. 만약, 부모나 교사의 권위를 통해 강제적으로 미디어를 제한하면 아이들은 어쩔 수 없이 미디어 사용을 줄이지만, 이후 누군가 미디어 사용을 제재하지 않는다면 아이들은 자발적인 절제와 조절 능력을 잃고 미디어를 탐닉하고 무절제하게 사용할 것이다. 부모는 무작정 자녀들의 손에서 미디어를 빼앗을 것이 아니라 스스로 절제하고 조절하는 능력을 가르쳐 주어야만 아이들이 건강한 미디어 사용자로 성장할 수 있음을 기억해야 할 것이다.

## 온 가족이 함께해야 한다

미디어 다이어트는 아이들만의 몫이 아닌 가족 전체가 함께해야 하는 운동이다. 그렇다면 왜 가족과 함께 미디어 다이어트를 해야 할까? 우리 주변에는 조금만 먹어도 쉽게 살이 찌는 체질이 있는가 하면, 먹기는 많이 먹는데 살이 찌지 않는 경우도 있다. 하지만 살이 찐 부모와 자녀의 비만 관계를 조사한 자료를 보면 비만아의 부모 혹은 부모 중의 한 사람이 비만인 경우가 70%에 이른다.

한양대학교 의과대학 소아청소년과 신재훈 교수에 따르면, 부모가 모두 비만인 경우 아이의 80%가, 한쪽 부모만 비만일 경우 아이의 40~60%가 비만이 된다고 한다.[1]

이것은 무엇을 의미하는가? 비만에는 유전적인 원인도 있지만 부모의 식습관이나 생활습관과 같은 후천적 원인도 함께 작용하여 자녀에게 영향을 주는 것이다. 왜냐하면 아이들의 식습관과 생활 패턴은 거의 부모를 따라가기 때문이다.

미디어를 활용하는 모습도 마찬가지이다. 부모가 텔레비전을 좋아하면 자연스레 자녀들도 텔레비전을 좋아하게 된다. 부모가 스마트폰을 통해 많은 일들을 가정에서 하고 있다면 아무리 어린 자녀라 할지라도 스마트폰에 호감을 가지게 될 것이다.

현재 교육부와 서울대학교 학부모정책연구센터에서는 '밥상머리

---

1. 강원일보 2004-10-12, '[건강한학교를만들자] (7)비만은 질병, 국가가 나서야한다'

교육'의 중요성을 강조하고 있다. 밥상머리 교육은 단순히 가족끼리 밥을 먹으면서 아이들을 가르치라는 의미가 아니다. 함께 식사하고 대화하면서 예절, 공손, 나눔, 절제, 배려와 같은 미덕을, 모범을 보여주라는 의미이다. '세상에서 가장 따뜻한 곳은 가족과 함께하는 밥상', '세상에서 가장 훌륭한 교실은 가족이 함께 둘러앉은 밥상'이라는 생각으로 가족이 함께 참여하길 권장하고 있는 것이다. 아침 식사를 거르는 아이들에게 밥을 먹고 가라는 의미가 아니라 아이와 시간을 갖는 데 가족 구성원이 모두 동참하라는 의미이다.

　미디어 다이어트도 아이들의 의지나 노력에 맡기는 것이 아니라 가족 구성원 모두가 참여하는 것으로부터 시작되어야 할 것이다. 가족 구성원들이 모두 함께 할 수 있는 실천 지침은 다음과 같다.

### 미디어 다이어트 실천지침 10가지

1. 가족이 함께할 수 있는 놀이를 마련한다.
2. 매일 정해진 시간에 가족이 함께 모여 대화하는 시간을 가진다.
3. 사용하지 않는 미디어들은 꺼둔다.
4. 미디어 사용에 대해 부정적인 말은 피하고 공감하고 대안을 제시하는 노력을 한다.
5. 일주일에 한 번 이상 '미디어 다이어트 데이'를 가진다.
6. 미디어는 정해진 장소에서 정해진 시간에 이용한다.

7. '미디어는 어떻게 하면 좋을까' 식의 열린 대화를 나눈다.
8. 컴퓨터나 스마트폰, 스마트 기기에 깔려 있는 게임을 모두 지운다.
9. 서로의 문화를 이해하려고 노력하며 경청하는 습관을 가진다.
10. 행복하고 즐거운 미디어 다이어트가 되도록 노력한다.

## 미디어 다이어트를 성공하는 노하우

가정이나 학교에서 미디어 다이어트를 시작하면 고민이 이만저만이 아니다. 어떤 미디어를 다이어트 할 것인지 정해야 하며, 어떻게 해서라도 미디어 사용 시간을 확보하기 위한 아이들과 실랑이를 해야 한다. 미디어 다이어트를 처음 시작할 때 너무 무리해서 실천하기보다는 환경과 상황에 맞게 적절하게 실행해야 한다. 미디어 다이어트를 할 때 가장 쉽게 접근할 수 있는 것이 스마트폰이다. 구체적인 미디어 한 가지, 예를 들면 대표적으로 스마트폰에 대해 아이들과 다이어트를 시작하는 것이다. 또한 여러 가지 유혹의 순간이 있는데 그럴 때 간단히 할 수 있는 보드게임이나 독서, 다양한 활동을 제시하면 매우 효과적으로 미디어의 유혹에서 벗어날 수 있다.

## 시작을 알리는 미디어 다이어트 데이(또는 위크)

TV를 끄면, 바쁘다는 핑계로 집안일과 육아에 소홀하던 남편이 TV 때문에 시간을 허비하고 있었음을 깨닫게 된다. 당연히 베란다를 청소하고 화초에 물을 주는 등 집안일에 관심을 갖게 되고 아이들 공부도 도와준다. 독서와 자기계발에도 신경 쓴다. 아내 역시 가족과 함께하는 시간이 많아져 생활이 한결 윤택해진다. 그동안 멀리했던 책을 잡고 잊었던 뜨개질을 하게 된다. 집안 풍경이 달라지고 화초의 향기가 살아난다. 아이들은 부모를 존경하며 성적도 부쩍 향상된다. 부모의 존재를 잊게 만든 TV가 사라지면 자녀는 부모와 책에서 재미를 찾는다.

— 숙명여대 아동복지학과 서영숙 교수[2]

우리나라의 많은 가정들은 마치 한 사람이 디자인을 한 것처럼 TV를 중심으로 TV를 가장 잘 볼 수 있는 위치에 소파가 놓여 있고, TV를 보면서 간식이나 다과를 즐기기 편하게 테이블이 놓여있는 구조이다. 요즘은 스마트 기기의 사용으로 각자 방에서 TV 시청이나 인터넷을 하기 때문에 과거의 집 구조와 많이 달라졌지만 예전보다 훨씬 가까이에 스마트 기기들이 놓여 있는 현실이다. 결국, 과거나 현실이나 가족 간에 대화나 교육을 위한 구조는 아니란 뜻이다.

---

2. 고재학, 『내 아이를 지키려면 TV를 꺼라』, 예담, 2005 재인용

전 세계적으로 교육에서 둘째라면 서러울 대한민국에서 이 얼마나 아이러니한 말인가! 이제는 이러한 구조에서 벗어나 새롭게 미디어 다이어트 데이를 가족들과 실천해볼 필요가 있다.

미디어 다이어트 데이를 하는 방법은 간단하다. 하루에 몇 시간도 좋고, 일주일에 하루도 좋고, 한 달에 몇 번도 좋다. 가족 구성원들의 합의를 통해 미디어를 금식하는 날이나 시간을 정해놓고 스마트폰, TV, 컴퓨터, 인터넷 등을 사용하지 않고 다른 활동을 찾아보는 것이다. 그렇게 되면 꽤 많은 시간들이 생기게 되는데 가족 구성원들이 합의를 통해 어떻게 남는 시간을 보낼지, 앞으로 어떤 방식으로 진행할 것인지 구체적인 계획을 세우면 된다. 아울러 시간을 대체할 수 있는 바람직한 놀이나 대화, 독서, 운동, 여행 등 다양한 활동이 정해졌다면 부모는 물심양면으로 지원을 아끼지 말아야 한다.

### 미디어 다이어트 서약서 만들기

미디어 다이어트를 시작할 때 순간적인 느낌이나 동기가 생겨 시작을 하다 보면 실패의 확률이 매우 높다. 또한 아이들 스스로 미디어 다이어트를 하고 있다는 사실을 인지하지 못하면 아이들은 생각보다 쉽게 미디어의 유혹에 넘어간다. 그렇기 때문에 아이들이 시시각각 미디어 다이어트를 하고 있다는 것을 느낄 수 있도록 미디어 다이어트 서약서나 요일제 스티커, 다짐 콜라주 등을 만들어 집

## 가족과 함께하는
# 미디어 다이어트!

아래의 체크리스트를 보고 실천할 내용을 선택해봅시다.

### 다이어트 1. 미디어 금식    나는 가족 또는 친구들과 함께

- ☑ 스마트폰, TV, 핸드폰, mp3, 컴퓨터 등을 사용하지 않겠습니다.
- ☑ 학업이나 업무의 용도로만 인터넷과 스마트폰을 사용합니다.
- ☑ 온라인 게임이나 스마트폰 게임을 하지 않겠습니다.

  휴대전화나 스마트폰을,
  - ☑ 일주일 동안 전원을 꺼 두겠습니다.
  - ☑ 꼭 필요한 용도로만 사용하겠습니다.
  - ☑ 집에 돌아오면 전원을 끄겠습니다.
  - ☑ 잠들기 2시간 전에는 사용하지 않겠습니다.
- ☑ 잡지, 만화책, 판타지소설 등을 보지 않겠습니다.

### 다이어트 2. 미디어 선용    나는 친구, 가족, 세상 사람들을 위해

- ☑ 하루에 (    )분 이상 나의 미디어 사용 습관을 되돌아 보는 시간을 갖겠습니다.
- ☑ 하루에 (    )분 이상 (    )미디어와 만나지 않는 시간을 갖겠습니다.
- ☑ 하루에 (    )분 이상 소외되는 이웃이나 친구들을 위해 시간을 사용하겠습니다.
- ☑ 하루에 (    )분 이상 다른 사람 말을 들어 주겠습니다.
- ☑ 하루에 (    )번 이상 다른 사람을 칭찬하겠습니다.
- ☑ HIF 운동을 실천하며, 하루에 (    )명 이상 안아주겠습니다.
- ☑ HIF운동이란? Hug in Family & Hug in Friend의 약자입니다.
- ☑ 일주일에 최소한 (    ) 권의 도서를 나 자신을 위해 읽겠습니다.
- ☑ 일주일에 (    ) 번 이상 가족들과 식사를 하고 따뜻한 말을 하겠습니다.
- ☑ 다른 사람에게 상처를 주는 말이나 욕을 하지 않겠습니다.
- ☑ 매일 매일 잠들기 전 감사하는 마음을 갖도록 하겠습니다.

        년    월    일에서        년    월    일까지 실천하겠습니다.

                                    이름 : _____ ( 서 명 )

미디어 다이어트 체크리스트

안 곳곳에 붙여두는 것이 좋다.

  서약서는 가족 구성원들의 미디어 사용 습관이나 시간을 알아보고 가족 공동체가 함께 참여하여 미디어 다이어트를 시작하기 위함이다.

<br>

미디어 다이어트 서약서 만들기 방법

1) 가족회의를 개최한다.
2) 우리 가족이 사용하고 있는 미디어 사용 실태를 점검한다.
3) TV, 스마트폰, 인터넷 등을 중심으로 주, 일 사용 시간, 사용료, 사용 방법 등을 알아본다.
4) 미디어 다이어트 일지에는 미디어의 종류, 사용자, 사용 시간, 내용 등을 구체적으로 표시를 한다.
5) 매일 가족의 미디어 사용량을 점검하고 조절 능력을 확인한다.
6) 조절을 못 한 사람은 가족들의 격려로 함께 절제할 수 있도록 노력한다.

**요일제 미디어 다이어트**

  깨끗하고 살기 좋은 환경을 만들기 위해 국가나 지자체에서는 '자동차 요일제'를 실시하기도 한다. 특히 공공기관에서 '자동차 요일제'를 강력하게 시행하고 있다. 미디어도 이와 마찬가지로 실천할 수 있다. 일주일 중에 요일 하루를 정해 미디어 사용을 완전히 금지

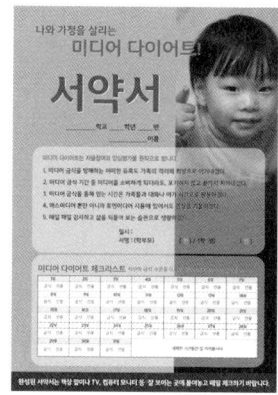

미디어 다이어트 체크리스트와 서약서를 집 안에 게시한 모습

하거나 사용을 제한하도록 하는 것이다. 위반할 경우, 벌금을 부과하거나 행정적인 처벌의 대상이 되지는 않지만 스스로 책임을 느끼고, 누가 시키지 않아도 지킬 수 있는 마음가짐을 가질 수 있도록 하는 것이 중요하다.

휴먼(human) 미디어 잘 사용하기 운동

우리는 흔히 미디어라고 하면 매스미디어(mass media)만 생각한다. 이 활동은 학생들이 미디어를 단순히 스마트폰이나 전자 기기, 인터넷, 텔레비전과 같은 매스미디어만으로 생각하는 관점을 변화시키기 위함이다.

미디어는 누군가의 생각이나 느낌을 보다 더 명료하고 정확하게 전달할 수 있도록 도와주는 도구이다. 그리고 우리는 다른 사람과

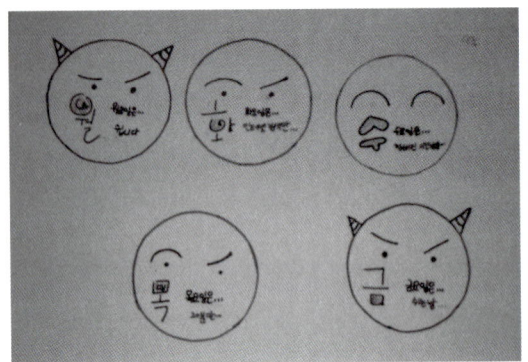
미디어 다이어트 요일제 스티커

미디어별 다이어트 스티커

핸드폰에 부착된 다이어트 스티커

컴퓨터 모니터에 부착된 다이어트 스티커

대화할 때 몸짓, 언어, 목소리, 눈빛 등을 활용하여 자신의 메시지를 보다 더 정확하게 전하고자 한다. 결국, 누군가와 대화나 소통을 할 때 이용하는 모든 수단이 미디어인 것이다.

휴먼 미디어란 사람들 간의 대화와 소통이 이뤄지는 가운데 메시지를 전달하고 이해할 수 있도록 도와주는 사람 자체가 미디어가 됨을 의미한다. 활동의 내용으로는 욕하지 않기, 다른 사람 말 잘 들어주기, 하루 3번 이상 다른 사람 칭찬하기, HIF 운동하기(HIF는 'Hug in Family & Hug in Friend'의 약자)와 같이 사람과 사람의 관계에서 꼭 필요한 예절을 지키는 것들이 포함된다.

### 휴먼 미디어 잘 사용하기 운동 방법

1) 휴먼 미디어에 대해 이야기하고 지켜야 할 예절을 고민한다.
2) 도화지를 준비한다.
3) 신체 부위를 신문이나 잡지에서 찾아서 도화지에 붙인다.
4) 다음을 표현할 수 있는 사진을 붙이고 간단하게 포트폴리오를 작성한다.

　입 : 삼사일언(三思一言)하기, 다른 사람 칭찬하기, 눈 맞추기, 격려하기

　귀 : 경청하기, 가족 말 듣기, 다른 사람의 말 귀담아들어 주기, 사회적 약자의 목소리 듣기

　눈 : 다른 사람의 좋은 점 보기, 어렵고 가난한 사람들 보기,

소외된 친구 찾기

손 : 어려운 친구에게 손 내밀기, 가슴 따뜻해지는 편지 쓰기, 메시지 보내기, 안아주기

발 : 맨발로 걸어보기, 불우 이웃에게 다가가기, 어려운 친구에게 다가가기

가슴 : 다른 사람의 아픔 공감하기, 사회의 약자와 공감하기 위한 노력하기

5) 활동 후 느낌을 발표하고 감정을 공유한다.
6) 작성한 포트폴리오를 방에 붙인다.

'휴먼미디어 잘 사용하기' 다짐 콜라주

## 학교에서 함께 하는 미디어 다이어트

미디어 다이어트를 할 때 학교와 연계하면 훨씬 더 효과적이다. 일선 학교에서는 스마트폰 때문에 수업 시간이나 생활지도를 할 때 어려움을 겪는다. 또한 강제적으로 스마트폰을 수거하거나 압수하기도 어려운 상황이기 때문에 학교나 학급에서 아이들이 자발적으로 미디어 다이어트에 대해 고민하고 계획을 세우고 실천한다면 미디어로 인해 생겨날 수 있는 많은 부분이 해결될 것이다. 특히, 사이버 폭력이 심각해지고 있는 학교 현장에서 스마트폰에 대한 염려와 고민이 점차 증가하고 있는 시점에서 미디어 다이어트는 미디어 활용에 대한 생각의 전환점이 될 것이다.

학교에서 미디어 다이어트 모집 포스트

아이들은 스마트폰에 있는 엄청난 부가 기능들을 자유자재로 활용한다. 전화나 메신저 기능 외에 음악을 듣거나 드라마나 영화를 다운받아 보기도 하며, 부족한 공부를 위한 인터넷 강의를 시청하는 등 다양하게 활용하고 있다. 핸드폰, MP3 플레이어, 컴퓨터,

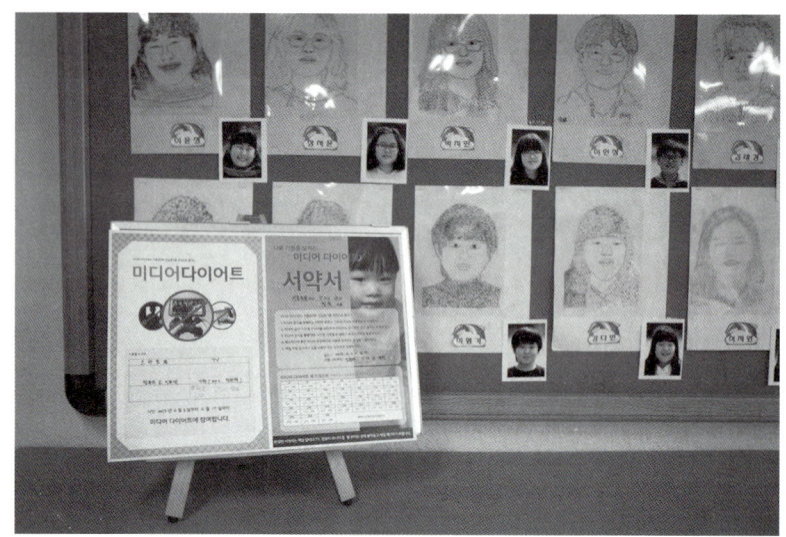

교실에 게시된 미디어 다이어트 참여 학생들 캐리커처

PMP, 잡지, 만화책, 판타지 소설, TV 이렇게 8가지를 자기가 스스로 선택하여 사용하지 않겠다는 각오를 하고 학교생활을 즐겨보자는 취지로 시작한 것이다. 사용했는지 안 했는지의 여부는 자신의 양심에 맡긴다. 처음에는 과연 아이들이 거짓말을 안 할까 의심이 들었다. 그런데 정말 사용했으면 했다고 말하고 안 했으면 안 했다고 말하는 것이 정말 신기했고 서로 신뢰를 쌓을 수 있는 계기가 되었던 것 같아서 뭔가 마음이 따뜻해졌다. 하지만 후반부로 갈수록 처음에 비해서는 흐지부지해진 경향이 눈에 보여서 안타까웠다. 그래도 우리 반은 성공적으로 마쳐서 다행이었다.

요즘 아이들은 기억의 많은 부분을 스마트폰에 의지하고 있다.

그래서 항상 핸드폰을 손에 쥐고 있어야 마음이 편하고 전화번호나 메모 사항도 모두 적어놓았기 때문에 생활의 필수 아이템이 되는 것이다. 아이들은 간혹 여기저기서 문자 오는 것 같은 소리를 듣기도 했고 불안한 마음이 들기도 하는 등 금단현상을 겪는다고 한다. 그런데 일주일 정도가 지나면 미디어 다이어트에 참여한 아이들의 모습은 완전히 바뀐다. 휴대전화를 언제 끼고 살았나 하는 생각이 들 정도로 핸드폰이 들고 다니기 귀찮다는 생각까지 한다고 했다. 그리고 아이들이 미디어 다이어트를 하면서 공통적으로 발견한 점은 스마트폰이 자신의 머리 회전을 저하시키는 물건이라는 것이다. 편리함을 위해 사용하기 시작한 것이 기억력을 퇴화시키는 것이라는 사실을 경험으로 느끼게 된다. 수없이 설명하고 설득해도 모르던 것을 체험을 통해 뼈저리게 느꼈다고 했다. 그 후 아이들은 친한 친구들의 핸드폰 번호와 집 전화번호는 외우려고 노력했고 생일 같은 작은 정보들은 머릿속으로 외우려는 버릇을 가지도록 노력했다. 그리고 작은 불편함이었지만 여러 가지를 느끼고 깨달을 수 있던 시간이라고 했다.

### 문화 금식 100일간의 기적

2009년 6월 23일 성문고 노찬희

3월 16일부터 6월 21일까지 드디어 100일이라는 문화 금식 레이스가 막을 내렸다. 시작한 지가 엊그제 같은데 벌써 100일이라니! 시작한 첫날을 생각하면 아득히 멀어져 갈 정도로 나는 문화 금식에 익숙해져 있었나 보다. 선생님께서 작년에 밀알 10기 선배님들이 문화 금식을 한 경험을 말씀해 주시면서 원래 고난 주간에만 하는 문화 금식을 처음으로 평상시로 옮겼더니 굉장히 반응도 좋았고 참여도도 높아 만족스러운 결과를 낳았다고 말씀하셨다. 그래서 나도 굉장히 호의적으로 생각했고 아이들도 그런 것 같았다. 문화 금식 항목은 TV, MP3, 컴퓨터(인터넷), 휴대폰 4가지 항목으로 나누어져 있었는데 자율적으로 참여하는 것을 원칙으로 했다. 선생님께서 문화 금식이라는 종이를 멀티장에 붙이고 자원하는 아이들이 이름을 씀으로써 우리의 100일간의 대장정이 시작되었다. 나는 TV, 컴퓨터, 핸드폰 3가지를 신청했는데 MP3는 영어 듣기를 해야 해서 부득이하게 하지 못해서 아쉬웠다. 첫날, 문화 금식 점검에 연주가 핸드폰을 걷어감으로써 정말로 문화 금식이라는 것이 실감이 났다. 내가 차라리 다행이라고 생각한 것은 1, 2학년 때 핸드폰 때문에 수업 시간에 집중하지 못한 경우가 많았고 꺼두었으면 될 일을 왠지 무슨 중요한 문자나 전화가 올 것 같아 노심초사하며 켜놓고 만지작만지작했던 것이 한두 번이 아니었기 때문이었다. 또 만지지 않기로 마음을 먹었다고 해도 걸물생심이라 나도 모르게 자꾸만 손이 갔었다. 무언가 항상 습관적으로 손에 쥐어져 있던 것이 사라졌다는 불안감 때문일까 첫날 핸드폰이 없었을 때 사실 굉장히 어색했다. 그리고 같이 밥 먹으러 가는 친구랑 연락이 안 돼서 길이 서로 엇갈려 급식소에 가서 몇 분을 헤맨다든지 핸드폰이 없어서 겪게 되는 웃지 못할 해프닝도 굉장히 많았다. 첫날 핸드폰을 낸 지 몇 시간이 흐르고 집에 돌아갈 시간, 우리는 연주에게 핸드폰을 받았다. 받자마자 핸드폰을 켜보니 '내일부터 문화 금식이니 문자에 답이 없더라도 양해 바래요!'라고 전날 전체 문자를 했음에도 문자가 여러 개 와 있었다. 나뿐만 아니라 주변 사람들도 아마 적응 안 되고 당황스러웠을 것이라 여겼다. 수신 메시지함을 보면, '아! 맞다. 너 문화 금식이라고 했지?', '왜 답장 안 해!' 등등 여러 문자가 와 있었는데 그것을 보는 재미도 있었다. 한 일주일째 접어드니까 휴대폰의 존재가 점점 사라지게 되었고 어느 날은 '나한테 휴대폰이라는 것이 있었나?' 할 정도로 걱정과 달리 너무나 빨리 적응되는 내 모습을 발견했다. 이런 반복 훈련이 문화 금식이 끝난 지금 이 시점에서도 휴대폰을 만지지 않고 절제할 수 있는 나를 있게 해준 원동력인 것 같다. 내가 익숙해진 것 같이 처음에는 어색해 하던 주변 사람들도 이제는 익숙해져 집에 갈 때 연락하는 식으로 패턴이 바뀌게 되었다. 그래도 주말에는 부득이 하게 학원을 가야 해서 사용할 수밖에 없었는데 그 점이 제일 아쉽다. 다음으로 TV와 컴퓨터는 학교에서 통제할 수 있는 것이 아니기 때문에 개인의 양심에 맡

겨지게 되었다. 자신과의 싸움이니만큼 굉장히 의미 있다고 생각했다. 고3이라서 TV를 볼 시간조차 없었고 많이 보지도 못했지만 그래도 조금이나마 TV와 컴퓨터에 쏟았던 시간을 소거할 수 있었다. 특히 나 같은 경우에는 TV보다 인터넷으로 시간을 허비하는 경우가 많았는데 인터넷 아이쇼핑이 그 원인이었다. 처음에 시작할 때는 괜찮았는데 점점 마음이 약해졌다. '한 번만 들어가 볼까?'라는 생각이 계속 들었고, 그때마다 내 양심과 약속한 계약을 깨지 않기 위해 노력했다. 그날 문화 금식 실천 내용은 다음날 학교에 가서 O, X로 표시를 하였다. 그리고 그것을 통계 내어 80%이면 수료증을 주는 것으로 규정되었다. 문화 금식을 실행하던 중간쯤 되어서 다시 참가자를 받았는데 그때는 만화, 잡지, PMP 등도 포함되어 있어 더 다채로웠고 처음에 신청하지 않은 아이들도 대거 참여해 열기를 띄우게 되었다. 지금 돌아보면 100일이 어떻게 지나갔는지 모를 정도로 빠르게 지나갔지만 하루하루 나를 절제해 나가면서 실천하고 또 나에게 도전했다는 것에 자존감을 느꼈다. 또 100일간의 문화 금식을 통해 3개월 또는 그 이상이라는 짧지 않은 기간 동안 나를 단련한 경험은 처음이었기 때문에 나 자신 스스로가 대견해지고 뿌듯한 감동을 느꼈다. 그전에도 경험하지 못하였고 이후에도 경험하지 못할 문화 금식에 참여했던 내가 자랑스럽고 나뿐만 아니라 자기를 채찍질하고 끈질기게 자신의 양심과 싸웠던 다른 아이들에게도 존경을 표하고 싶고 박수 쳐주고 싶다.

## 자녀의 미디어 다이어트는
## 부모의 역할에 달려있다

아이들을 건강하게 키우는 것은 자녀를 가진 모든 부모들의 소망일 것이다. 아이들을 건강하게 키우려면 어떻게 해야 할까? 정답은 너무도 간단하다. 아이들에게 건강한 음식과 건강한 환경을 제공하는 것이다. 하지만 세상은 너무도 건강하지 않은 것들이 많다. 조금만 방심을 하면 언제 어디서든 나쁜 것들이 우리 소중한 아이들을 위협한다. 그리고 건강하게 자녀들을 지켜내기 위해서는 지속적인 관심과 노력이 필요하다. 그렇다면 부모들은 언제 방심할까? 그것은 바로 부모들에게 특별한 날 혹은 귀찮은 날 방심을 하게 되는 것이다. 그런 날에 부모들은 아이들의 건강에 대해 평소보다 훨씬 더 너그러워진다. '한 번쯤은 괜찮겠지'라는 마음으로 아이들에게 좋지 않은 것은 알지만 어쩔 수 없이 인스턴트 음식을 맛보게 한다. 너무도 달콤하고 자극적인 음식은 아이들의 기억 속에 각인된다. 한 번이면 괜찮을 것 같았던 아이들은 그 맛과 느낌을 용케 기억해내고 부모에게 그 맛을 또다시 느끼게 해달라고 떼를 쓰기 시작한다. 이로써 아이들에게 새로운 세상이 열린 것이다. 그러면서 점점 아이들은 엄마가 해준 건강한 음식보다는 공장에서 만들어낸 달콤한 음식에 길들여져 간다. 건강한 음식은 아이들의 입맛을 잡을 수 없기 때문에 부모들은 몸에 좋지 않은 것은 알지만 아이들이 좋아하는 나쁜 음식들을 어쩔 수 없이 아이들의 밥상에 올릴 수밖에 없게 된다. 미디어도 이와 다르지 않다. 가정에 손님이 왔거나 특별한 상황일 때, 아이들이 무언가에 집중해서 조용히 해야 할 필요가 있을 때 부모들은 아이들에게 미디어를 쥐어주는 것이다. 그리고 어쩌다 맛본 미디어는 너무나 달콤해서 아이들은 그 맛을 잊을 수 없는 것이다.

많은 부모들이 미디어와의 전쟁에서 이기는 가장 좋은 방법을 물어오곤 한다. 그 대답 역시 간단하다. 그것은 바로 처음부터 미디어의 맛을 모르게 하는 것이다. 물론 학교나 친구 집, 동네 PC방 등 미디어를 만나고 즐길 수 있는 방법은 무궁무진하다. 아이들은 친구들과 어울리며 성장하는 가운데 자연히 미디어의 재미를 알게 될 것이다. 하지만 부모는 미디어에 아이들이 처음 접하는 시기를 최대한 늦춰주어야 할 의무가 있고, 미디어와 친해지기 전 독서나 운동 등 건강하게 여가를 보내는 방법과 그 안에서 느낄 수 있는 행복과 즐거움을 알게 도와주어야 한다. 건강하게 미디어를 조절하고 절제할 수 있는 내적인 에너지를 키운 후에 미디어를 만나게 해야 하는 것이다.

그렇다면 내적인 에너지는 어떻게 성장할까? 부모와 함께 여행하고 자연을 배우면서 가슴에 추억을 새기고, 친구들과 함께 놀고 땀 흘리면서 따뜻한 어린 시절의 기억을 만들어주어야 한다. 함께 등산을 하거나 음악회 등 다양한 문화생활을 통해 세상에 대한 견문을 넓히고 건강한 여가 생활의 즐거움을 실천적으로 알려주어야 한다. 세상을 꿈꾸며 미래에 대한 확신을 가지고 스스로 고민하고 문제를 해결할 수 있도록 믿어주고 기다려 주어야 한다. 이렇게 건강하게 성장한 후에 아이들에게 건강하고 건전하게 미디어를 사용할 수 있도록 해도 아이들이 삶을 살아가는 데 크게 지장을 받지 않는다. 자녀들의 모든 습관은 부모 하기 나름이다. 부모가 먼저 행복한 삶을 위해 노력하고 건강하게 여가 생활을 즐기는 모습을 보여준다면 미디어의 과도한 사용으로 인해 고민하는 일은 없을 것이다.

 스마트폰보다 기본적인 교육, 가정교육이 중요함을 강조하고 가정에서 할 수 있는 다양한 놀이를 가족과 함께 해야 함을 강조하는 것이 어쩌면 아이러니하게 느껴질 수도 있다. 하지만 잘 생각해보라. 좋은 잠수부가 되기 위해서 어떻게 해야 할지 말이다. 좋은 잠수부가 되기 위해서 자신에 몸에 맞는 최신의 잠수복과 장비를 사용하면 될 것이라 생각하겠지만 실제로 좋은 잠수부가 되기 위한 가장 기초적인 일은 숨을 참는 연습을 하는 것이다. 그리고 물에 적응하고, 물에 대한 두려움과 동경이 생길 때까지 기초 체력과 기술들을 연마하면서 조금씩 깊은 물속으로 들어가는 것이다. 그리고 자신의 한계에 다다랐을 때, 새로운 잠수복이나 최신의 장비들을 활용하여 새로운 세계를 탐색하는 것이 가능해질 것이다.

물론 이러한 방법은 운동선수나 아이들에게도 비슷하게 적용된다. 좋은 운동선수가 되기 위해서는 처음부터 화려한 기술을 가르치지 않는다. 좋은 스승은 화려한 기술보다는 기초 체력이나 성실한 태도와 같이 눈에 보이지 않는 내적인 성장을 가르친다. 하지만 그렇지 않은 스승은 화려한 기술로 아이의 발전이 가시적으로 느껴지도록 부모의 눈을 현혹할 것이다. 하지만 시간이 지날수록 아이의 발전은 더뎌질 것이며 그에 따른 불안감은 가중될 것이다. 불안감과 위기의식은 부모와 아이를 옭아맬 것이며 새로운 기술과 전략을 배우기 위해 정작 중요한 요소들을 놓치게 되는 것이다. 누구에게나 찾아오는 슬럼프와 부상은 기본이 약한 아이에게 헤어나오기 힘든 정신적인 혼란과 어려움을 주고 아이와 부모는 점점 나락으로 떨어질 것이다. 반면 기초부터 차근차근 쌓아온 아이는 처음부터 두각을 나타내지 못하겠지만, 중요한 것들을 하나하나 배운 아이에게 위기는 또 다른 기회로 탈바꿈할 것이다. 슬럼프와 부상은 아이를 더욱 단단하게 만들 것이며 자신의 한계를 넘어서는 데 커다란 역할을 하는 좋은 요소가 될 것이다.

이것은 드라마나 애니메이션에서나 있을 만한 일이 아니라 실제로 우리나라를 대표하며 독일 분데스리가에서 활약하고 있는 축구선수 손흥민의 이야기다. 아스널, 리버풀 등 유럽 유수 클럽에서 스카웃 경쟁이 뜨거운 손 선수는 대한민국 축구 유망주다. 그의 화려한 활약 중심에는 아버지 손웅정 씨가 있다. "8살 때부터 16살 때까지 정식 경기에 안 내보냈습니다. 매일 6시간씩 오로지 기본기만 가르쳤습니다."라고 말한 그는 스스로를 성공하지 못한 축구 선수라 말하며 자신처럼 기술 없는 축구 선수를 만들고 싶지 않았다고 말한다. 그런데 그가 기술 없는 축구 선수를 만들지 않기 위해 집중한 것이 기본기라는 사실이 놀랍지 않은가!

교육은 기본이다. 결국 초심이고 마음인 것이다. 화려한 테크닉과 최신 스마트 장비는 교육에 극히 일부분의 도움을 주는 부수적인 요소이며 그 안에 가정이, 교육이, 사랑이 살아 숨 쉬고 있어야 한다. 본질에 충실해야 하고 주변의 불안이나 위기의식을 과감히 넘어설 수 있는 부모의 철학이 그 무엇보다 자녀를 성장시키는 데 중요한 요소가 된다. 자녀가 건강하게 성장하는 동안에 부모들은 끊임없는 유혹과 불안이 존재할 것이며, 엄청난 희생과 인내를 요구할 것이다. 그러나 이러한 희생과 인내의 순간을 스마트폰이나 미디어가 대신해 줄 수 없다. 오롯이 부모가 함께 고민하고, 대화하고, 함께 어려움을 극복해내는 과정에서 아이들은 올바르고 건강하게 성장할 것이다.

무엇이든 지속적으로 한다는 것이 매우 어렵고 힘든 일이다. 특히, 놀이 문화가 마땅치 않은 대한민국에서, 그것도 입시와 취직에 삶을 내던지고, 여가 생활을 미디어를 통해 즐기는 가족 구성원들을 한데 모으고 익숙하지 않은 대화 시간이나 놀이 시간을 갖는다는 것은 여간 어려운 일이 아닐 것이다. 하지만 지금이 아니면 아이들과 함께할 수 있는 시간은 더 없어질 것이다. 스마트폰을, 미디어를 잠시 손에서 내려놓으면 소소한 불편이 찾아오겠지만, 그와 반대로 가족들과 대화하고 삶을 나눌 수 있는 소중한 시간들이 찾아옴을 기억해야 할 것이다.

# 놀이와 대화로 SNS 없는 가족 문화 만들기

생활이 스마트폰으로 시작해서 스마트폰으로 끝을 맺는 사람들이 늘고 있다. 어떤 사람은 스마트폰 없이 생활하는 것은 상상할 수 없다고 이야기한다. 특히 스마트폰은 우리 아이들의 놀이 양식을 바꿔놓고 있다. 학교에서 학생들에게 자유 시간이 주어지는 점심시간을 생각해보자. 과거에 점심시간은 운동장에서 축구나 농구를 하는 남학생들로 가득 찼다. 그리고 운동장 주변에서는 여학생들이 삼삼오오 모여서 수다를 떨며 웃는 모습을 흔하게 볼 수 있었다. 그러나 최근 학교 운동장은 과거와 비교해서 매우 썰렁하다. 대부분의 학생들이 교실에서 스마트폰을 붙잡고 시간을 보낸다. 가정에서도 마찬가지다. 온 가족이 모여서 TV를 보거나 얼굴을 맞대고 이야기를 하는 시간이 줄어들면서 각자 스마트폰을 하는 시간이 늘어나고 있다. 문제는 이런 현상들이 앞으로 더욱 심해질 가능성이 있다는 점이다. 따라서 이 장에서는 스마트폰 없이 가족들이 함께 어울릴 수 있는 놀이에 대해서 생각해보고자 한다. 더불어 SNS 없이도 서로 감정을 주고받을 수 있는 대화 방법에 대해서도 찾아보고자 한다.

## 스마트폰이 필요 없는 전래 놀이

전래 놀이란 예전부터 아이들의 생활 속에서 전해져 내려오는 놀이로서 넓은 의미의 민속놀이이다. 각 지역마다 약간의 차이는 있으나, 거의 비슷한 놀이 문화가 형성되어 있다.[1] 전래 놀이를 살펴보면 '나이 먹기', '무궁화 꽃이 피었습니다' 등 도구가 전혀 필요 없이 상상력만으로 만든 놀이와 간단한 도구를 활용한 놀이로 분류할 수 있다. 도구를 사용한 놀이에는 '공기', '비석치기' 등 우리 주변에서 흔히 볼 수 있는 사물을 그대로 이용하는 놀이와 '자치기', '제기차기' 등 사물을 간단하게 제작하거나 변형하여 활용하는 놀이가 있다. 이런 전래 놀이에는 많은 교육적 효과가 있다.

첫째, 전래 놀이는 대부분 신체의 운동기능을 많이 요구한다. 전래 놀이는 대개 집 밖에서 이루어진다. '고무줄놀이', '나이 먹기', '무

---

1. 김은진(2003), 전래 놀이가 경도장애아의 어휘력과 사회성 발달에 미치는 효과, 인천교육대학교 교육대학원 석사학위 청구논문

궁화 꽃이 피었습니다', '팔방놀이' 등은 달리거나 뜀을 뛰는 놀이다. '비석치기'나 '구슬치기', '투호놀이'는 돌이나 구슬을 목표한 곳에 맞추거나 집어넣는 놀이다. 이러한 놀이를 즐기는 과정은 매우 큰 집중력과 정교한 능력을 요구한다. '자치기'는 야구처럼 큰 막대로 공중에서 도는 작고 조그만 막대를 쳐서 멀리까지 내보내는 놀이다. 마치 야구에서 타자가 공을 치는 것과 유사하다. 이처럼 신체적으로 많이 움직일 뿐 아니라 집중력과 정교함을 요구하는 놀이를 통해서 우리 조상들은 신체의 다양한 기능을 활용할 수 있었다.

둘째, 풍부한 상상력을 필요로 한다. 전래 놀이는 아동 스스로 놀이 도구를 제작 활용함으로써 고도의 창의성을 기를 수 있다. 놀이 방법들이 대개 상상력에 의해 만들어진 것이며, 딱 정해진 규칙이 확고부동하게 있는 것이 아니라 구성원의 합의에 의해서 얼마든지 변형이 가능하다. 더불어 같은 도구를 가지고도 상상력에 의해서 다양한 놀이로 변형할 수도 있다. 예를 들어 '제기차기'는 제기 하나의 도구를 이용하여 오래 차기, 제기를 차면서 앞으로 멀리 나가기, 왼발 오른발 돌아가며 차기, 목표한 지점을 정확하게 맞추어 득점을 하기 등 매우 다양한 놀이로 바꾸어서 즐길 수 있다. 이러한 놀이 규칙과 방법의 변화는 모두가 상상력에 의한 것이라 할 수 있다.

셋째, 약자와 상대방을 배려하는 놀이가 많다. 전래 놀이에서는 나이 차이가 상당히 나는데도 불구하고 모두가 함께 어울려 놀았다. 신체 조건에 의해 운동능력이 떨어지는 나이 어린 친구나 약자들에게는 '깍두기'라는 이름으로 상대적으로 높은 단계의 위치를 부여하거나 낮은 수준의 목표점을 제시하여 모두가 함께 어울릴 수 있도록 배려하였다. 이 과정을 통해서 상대에 대한 배려심은 물론이며, 나이가 많은 친구들은 리더십을, 나이 어린 친구들은 선배들과 어울리며 다양한 삶의 양식을 배울 수 있었다.

## 가족 공동의 취미는 스마트폰을 멀어지게 한다

요즘 부모들은 자녀와 놀 줄을 모르는 부모들이 많다. 그래서 자녀와 함께 시간을 보내는 것이 힘들다며 어떻게 놀아야 되는지 모르겠다는 상담을 자주 하곤 한다. 어렸을 때는 잘 놀아주곤 했는데 애들이 초등학교 들어가면서부터 같이 어떻게 놀아줘야 될지 모르겠다는 것이다. 이때 우리가 생각해볼 점이 있다. 상당수 부모들이 자녀들과 놀아준다는 생각을 많이 한다는 점이다.

개인적으로 본인 역시 항상 바쁜 시간을 쪼개서 아이들과 놀아준다는 생각을 하던 시절이 있었다. 그런데 둘째 아이가 5살 때 기분이 상한 상태에서 "이제 아빠와 안 놀아줄거야!"라는 말을 하는 것을 보고 멍한 적이 있었다. 지금까진 내가 놀아준다고 생각했지만 때론 우리 아이들 역시 부모와 놀아준다고 생각했던 것이다. 결국 이때 둘째 아이의 이야기를 통해서 느낀 것은 우리가 놀아준다고 생각하는 것은 자신만의 일방적인 생각이라는 점이다. 논다는 것은 서로 함께 즐기는 것이다. 물론 부모가 아이들을 위해 바쁜 시간을 쪼개서 시간을 보내지만 그 과정을 통해서 부모도 상당 시간을 즐긴다. 따라서 '함께 논다'고 해야지 '놀아준다'는 표현은 적당하지 않은 것이다.

부모가 자녀들과 놀아준다는 생각을 갖는 이상 부모들은 자녀와의 재미가 점점 떨어질 수밖에 없다. 어렸을 때는 아이들을 부모의 마음대로 이끄는 것이 어느 정도 가능하고, 귀여운 행동에 재미와 행복함을 느낀다. 그러나 아이들이 커가면서 아이들의 생각이 자라고 부모가 원하는 대로 이끌어갈 수 없을 때는 놀아주는 것이 재미도 없고 귀찮아지는 것이다. 이때부터 부모는 자녀와 함께 지내는 시간이 줄어들고 점점 공부를 채근하면서 서로의 관계가 소원해진다. 이런 관계를 회복시키기 위한 가장 좋은 방법이 바로 공동의 취미를 갖는 것이다.

가족 공동의 취미로는 다음과 같은 것들을 추천할 수 있다. 먼저 위에서 언급한 전래 놀이나 보드게임 같은 '놀이'를 공통의 취미로 가질 수 있다. 이런 놀이는 종류에 따라서 실내에서나 야외에서 언제든 즐길 수 있다는 장점이 있다. 둘째로 배드민턴, 탁구, 자전거 타기, 수영 등의 스포츠를 활용할 수 있다. 스포츠의 경우에는 날씨나 계절 장소에 따라서 약간 한계가 있을 수 있고, 돈이 많이 들 수 있다는 단점이 있지만 가족 모두의 건강을 유지하고 즐겁게 할 수 있는 장점이 있다. 셋째로 등산, 여행, 캠핑 등의 레저 활동을 즐길 수 있다. 이 경우에는 삶의 울타리를 확장시켜 다양한 삶의 경험들을 체험할 수 있는 장점이 있다. 넷째로는 음악, 미술, 블록 제작 등 미적인 활동에 관련된 취미를 가질 수 있다. 이는 아름다움을 추구하면서 심신을 안정시킬 수 있다는 장점을 가지고 있다.

이런 가족 공동의 취미에는 다음과 같은 교육적 효과가 있다.

첫째, 가족들 간 대화를 늘릴 수 있다. 요즘 가족들이 대화가 부족한 이유는 서로의 관심사가 다르기 때문이다. 부모가 가지는 관심과 아이들이 가지는 관심이 서로 다르다보니 한쪽의 입장에서 하는 대화는 상대방 입장에서는 흥미를 가질 수 없다. 따라서 가족 공통의 취미를 갖는 것은 서로 공통의 관심 주제를 가질 수 있는 계기가 된다. 가족 공통의 관심이 생기면 서로가 그 분야에 대해서 잘 아는 내용이며, 좋아하는 주제이기 때문에 대화를 원활하게 늘려 가는데 많은 도움이 된다.

둘째, 아이들뿐만 아니라 부모도 직장과 가정에서 원활한 생활을 하는 데 도움을 얻는다. 직장과 가정에서 받는 스트레스를 그대로 가지고 있으면 모든 일에 짜증이 난다. 이런 스트레스를 가진 채 직장과 가정에서 계속 생활을 영위하면 자칫 작은 일에도 쉽게 화를 내거나 지친다. 이때 스트레스를 한번에 날릴 수 있는 취미를 가지는 것이 매우 중요하다. 쌓인 스트레스를 바로 해소함으로써 가정과 직장에서 똑같은 일에도 웃을 수 있는 여유를 갖게 되는 것이다.

셋째, 가족들의 무분별한 스마트폰 사용을 줄일 수 있다. 최근에는 아이들뿐만 아니라 부모들 역시 스마트폰에 쉽게 빠져든다. 따라서 꼭 아이뿐만 아니라 부모 역시 의미 없는 스마트폰 사용 시간을 줄여야 한다. 이때 사용 시간을 줄이기 위해 가장 먼저 해야 할 것이 스마트폰에 대한 관심을 다른 곳으로 돌리는 것이다. 만약 다른 곳으로 돌린 관심이 약하면 다시 스마트폰으로 역전될 수 있다. 따라서 호기심을 가질 정도로 즐거운 일에 관심을 돌려야 하며, 이때 적당한 것이 바로 취미다.

넷째, 가족 공동의 취미는 혼자만의 취미보다 더 오래 즐길 수 있다. 우리는 주변에서 취미 활동을 시작했다가 금방 포기하는 사람을 볼 수 있다. 그런데 그런 사람들의 경우 대부분 혼자 시작한 사람이 많다. 시작한 취미 활동이 아주 적성에 맞거나 많이 좋아하지 않고는 오래 지속되기 힘들다. 이것은 달리기의 예를 보면 쉽게 이해할 수 있다. 우리가 달리기를 혼자 하는 것보다 여럿이 함께 할 때 좋은 기록이 나올 가능성이 높다. 같이 달리는 사람이 있을 때 경쟁 심리와 남들도 나와 똑같이 뛸 수 있다는 의식 때문에 자신의 한계를 극복할 수 있는 것이다. 또한 옆에서 달리는 사람이 내가 힘든 상황에서 도와준다면 더욱 좋은 기록을 낼 수 있다. 이와 마찬가지로 가족 공동의 취미는 서로 경쟁과 도움을 주고받으며 오래 진행될 수 있다. 본인의 경우에도 과거 헬스 운동을 시작한 적이 있었다. 그러나 혼자 하다 보니 이내 흥미를 잃어서 두 달 동안 거의 가지 않았다. 그러나 두 번째 운동을 시작했을 때는 거리나 가격 등 거의 비슷한 상황임에도 불구하고 거의 매일 갈 수 있었는데 그 이유가 바로 같이 가는 동료가 있었기 때문이다. 혼자 갈까 말까 고민하다가 전에는 가지 않던 것을 동료와 함께했기 때문에 갈 수 있었던 것이다. 취미 생활을 가족과 같이 공유한다는 것은 더없이 소중한 동료이면서 취미 생활을 더욱 오래 그리고 즐겁게 할 수 있는 동력이 된다.

## 어쩔 수 없이 사용해야 한다면
## 바르게 사용할 수 있도록 하라

남학생과 여학생의 스마트폰 이용을 보면 주로 사용하는 애플리케이션이 조금 다른 편이다. 남학생들의 경우에는 게임을 많이 하는 반면 여학생들은 SNS나 연예오락 프로그램의 동영상을 자주 보는 편이다. SNS는 과거 싸이월드나 네이트온 등이 주였지만 지금은 스마트폰 기반의 애플리케이션으로 완전히 바뀌었다.

현재 SNS 애플리케이션들은 가지고 있는 기능들이 서로 비슷하지만 사용자가 주로 사용하는 기능에 따라 대략 세 가지 형태로 구분할 수 있다. 첫 번째로 대화창을 기반으로 간단한 문자들을 주고받는 SNS이다. 대표적인 예로 '카카오톡', '라인', 그리고 스마트폰의 기본적인 문자메시지가 있다. 두 번째로는 간단한 게시판 글을 올려서 댓글 형태로 주고받는 블로그 유형이 있는데 '페이스북', '트위터' 등이 여기에 해당된다. 물론 이들 SNS에서도 대화창을 열어 대화를 할 수 있고 사진도 올릴 수 있지만 주 기능은 블로그에 자신의 이야기를 남기는 것이다. 세 번째는 사진을 위주로 올려서 댓글 형태로 주고받는 형태다. 여기에는 '카카오톡 스토리', '밴드', '싸이월드' 등이 있다.

  SNS의 경우에 대부분 아무나 볼 수 있도록 하는 방식과 내가 맺은 친구만 볼 수 있도록 하는 방식 가운데 선택하는 설정이 가능하다. 그러나 자신이 직접 체크를 하지 않을 때에는 아무나 와서 내 글이나 사진을 보는 것이 가능하다. 더불어 대부분 남이 와서 내 글이나 사진을 보고 가더라도 내가 확인하거나 제약할 수 있는 방법이 없거나 제한적이기 때문에 문제를 유발할 수 있다. 그래서 최근에 나온 '밴드'는 내가 초대한 사람이 아니면 내 글을 볼 수 없도록 폐쇄적인 구조를 가지고 있다는 점 때문에 인기를 끌고 있다.

  학생들의 SNS 사용 습관을 살펴보면 어른들과 다른 몇 가지 특징들이 나타난다.

  첫째 글들이 매우 간단하고 내용이 없는 대화가 많다. 내용이 별로 없고 글도 웬만하면 한 줄을 넘기지 않는다. 문제는 이런 글들을 쉴 새 없이 계속 올린다는 점이다. 한 시간 동안 대화했다고 하는 학생의 대화창을 본 적이 있는데 한 시간 동안의 내용이 짜증 난다

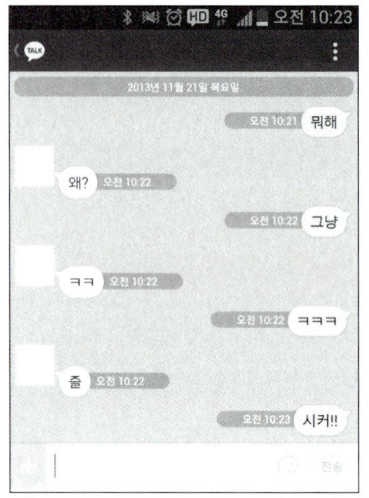

학생들의 대화창

는 내용이었다. 보통 어른의 경우라면 상대방이 짜증이 나면 왜 그런지 물어보곤 하는데 왜 그런지는 내용도 없고, 대부분 이모티콘으로 서로의 감정만 확인하는 정도였다. 똑같은 내용을 지속적으로 반복하면서 한 시간을 채웠던 것이다. 한 학생은 필자에게 와서 상담을 하는데 시험 기간 중에 점심 먹고부터 새벽 2시까지 책상 앞에서 계속 공부를 했는데 수학을 겨우 한 페이지를 풀었다며 하소연했다. 원인은 바로 스마트폰의 문자 때문이었다. 시험 땐 특히 친구들에게 문자가 많이 와서 스마트폰을 끊지 않으면 절대 공부를 할 수가 없다는 이야기를 한 적이 있다. 그래서 무슨 걱정이 있었냐고 물었더니 그건 아니라고 한다. 그럼 어떤 내용의 대화를 했냐고 그랬더니 아무런 내용도 아니라며 그냥 문자 날리면서 노는 것이라고 설명했다. 어른들은 뭔가 내용 있는 대화를 생각하지만 우리 학생들 대화에 꼭 내용이 있어야 하냐고 반문한다. '아무런 내용이 없어도 우린 그냥 즐겨요.'라는 학생들을 보며 역시 어른들하고는 문화가 다르다는 것을 새삼 느낀다.

둘째 맞춤법을 파괴하는 대화와 욕설이 많다. 남소(남자 소개), 안물(안물어봤어!) 등의 글자를 줄이는 것은 그나마 이해가 간다. '케미가 돋아'(사랑에 빠졌어), '썸탄다'(연애한다) 등은 왜 그런지 유추하기가 쉽지 않으며, ㅋㅋ, ㄱㅅ 등은 아이들이 시험문제 주관식 답란에도 어렵지 않게 볼 수 있다. 심지어 아이들의 대화창에 '개-'이나 '좆-', '개좆-' 등의 글자가 아무 글자에 연결되어 마구 사용되고 있다. 필자가 확인한 학생의 대화창에는 반 이상이 이런 욕설로 가득 차 있는 경우도 있었다. 요즘 청소년들 사이에서 이런 욕설들은 짧은 대화 말에서도 빈번하게 튀어나온다. 이런 습관들이 스마트폰에서도 그대로 반복되고, 또 스마트폰에서 사용되는 말들이 다시 실제 대화에서 잘못된 습관을 더욱 증폭시키고 있다.

셋째, 타인의 개인 정보에 대한 남용이 많다. 최근 멀티미디어 사회에서 초상권이나 개인 정보에 대한 위험성이 많이 논의되어왔다. 매스컴에서 그동안 꾸준하게 제기한 덕분에 이런 관심들은 이제 크게 높아졌다. 그래서 실제로 성인들의 경우에는 나름대로 상당히 주의하고 있는 것을 엿볼 수 있다. 그러나 청소년들의 경우에는 개인 정보의 중요성이나 침해 문제에 대해서 상당히 둔감하다. 필자가 알고 있는 학생 중 하나는 친구들의 굴욕적인 사진을 마음대로 올려서 고소를 당하고, 이로 인해 경찰서 조사를 받고 학교에서도 징계를 받는 등 많은 어려움을 겪었다. 그런데 그 학생에게 물어보니 그게 범죄인지 몰랐다고 한다. 실제로 학생들 카카오톡스토리에 가보면 친구들 사진을 허락도 없이 올리는 경우가 허다하다. 더불어 오늘은 내 친구 생일이라고 이름까지 표시하면 친구의 생일과 얼굴 나이 학교가 모두 그대로 노출되어 범죄로 이어질 가능성까지 있다.

넷째, 자신의 사생활을 쉽게 노출한다. 필자는 학교에서 담임을 할 때 학생들을 이해하기 위해 학생들의 SNS를 검색한다. 왜냐하면 학생들은 자신의 대부분의 정보들을 자신의 SNS에 다 올리기 때문이다. 그 속에 심지어 자신의 비밀 이야기나 누구랑 사귀었는지 언제부터 술을 마시고 담배를 피우는지 등 올리지 말아야 할 글까지 가감 없이 올리는 학생들도 있었다. 이외에도 자신의 생년월일, 자신의 학년 반 번호나 자기의 주소 및 부모들의 이름과 직장까지 다 알려주는 등 너무 쉽게 자신의 정보를 유출시킨다. 한번은 고등학생이 처음 받은 자신의 주민등록증을 그대로 올려서 필자가 급히 전화해서 빨리 삭제하라고 종용한 적도 있었다. 이는 학생들이 세상을 순수하게 보고 있기 때문이라고 긍정적으로 해석하지만 이를 이용하는 사람들이 있기 때문에 항상 조심하고 경계할 수 있어야 한다.

학생들의 이런 습관들은 애플리케이션이나 홈페이지에 가입할 때 자신의 정보를 너무 손쉽게 입력하는 것으로 이어진다. 주민등록번호와 전화번호 생년월일을 아무런 의심 없이 약관을 읽어보지도 않고 입력해서 광고로 이용되어 그 이후부터 대리운전 문자나 성인광고 문자에 시달린 학생들도 부지기수다.

다섯째, 부모의 주민등록번호를 도용하는 문제다. 학생 신분에서 검색이나 웹사이트 방문 또는 애플리케이션 설치에 제약이 있다 보니 부모의 명의나 주민등록번호를 이용하는 학생들이 있다. 이 문제는 별것 아닌 것처럼 보이지만 이것도 명백한 범죄 행위다. 웹사이트 성인 계정에 개인 정보가 필요하다는 것은 그만큼 청소년에게 문제가 되기 때문에 그런 절차를 요구하는 것이다. 따라서 부모 역시 자녀들에게 자신의 주민등록번호나 아이핀 번호 등을 쉽게 공개해서는 안 된다.

여섯째, 학생들은 새로운 기능을 쉽게 배우고 적응한다. 성인의 경우 새로운 애플리케이션에 가입할 때 매우 신중하다. 그런 신중한 태도가 새로운 기능이나 새로운 앱에 대한 접근성을 매우 약화시킨다. 그런 반면 학생들은 쉽게 애플리케이션을 설치하고 몇 번 사용해보다가 필요가 없거나 기능이 좀 떨어지면 바로 삭제하고 새로운 애플리케이션을 사용한다. 이런 실험 정신은 때로 여러 가지 문제를 일으키지만 스마트폰의 기능을 다양하게 활용하면서 생활 속에서 편리하게 살 수 있게 해주는 긍정적 효과를 가져다준다.

이처럼 학생들의 SNS 문화는 긍정적 기능과 동시에 부정적 기능 또한 같이 내포하고 있다. 문제는 부정적 기능을 줄일 수 있도록 항상 경계하고 주의해서 SNS를 사용해야 한다는 점이다. 이를 위해 SNS를 긍정적으로 활용하기 위해서는 다음과 같은 점에 유의해야 한다.

첫째, SNS는 도구라는 인식이다. SNS는 사람과 사람 사이의 소통을 위한 도구다. SNS 자체가 목적이 되어서는 안 된다. 처음엔 많은 사람들이 소통을 목적으로 시작하지만 한번 빠지게 되면 사람을 만나는 것이 목적이 아니라 스마트폰 사용이 목적으로 변질된다. 처음엔 할 이야기가 있어서 SNS를 보지만 점점시간이 가면서 내용이 아니라 SNS를 하기 위해서 사람을 찾게 된다. 필자도 카카오톡에 재미를 붙이다보니 할 이야기가 특별히 없음에도 불구하고 누군가와 이야기를 하기 위해 친구 목록을 처음부터 끝까지 검색해보곤 했다. SNS가 목적이 되어 상당한 시간을 무의미하게 낭비하고 있었던 것이다. 따라서 소통의 도구가 되어야지 SNS 자체가 목적이 되는 것을 항상 경계해야 한다. 이를 위해서 스마트폰을 켤 때 내가 무엇을 하고 나서 끌 것인지 미리 생각해보고 시작해야 한다. 예를 들어 '친구에게 할 말이 있으니 카카오톡을 하고 잠깐 메일을 검색해보고 꺼야겠다.'처럼 스마트폰을 내려놓을 계획까지 세우고 난 후, 스마트폰을 잡는 것이 쓸데없이 많은 시간의 SNS 사용을 줄일 수 있다.

둘째, 자신의 정보나 다른 사람의 정보를 가급적 올리지 않는다. 다른 사람의 사진을 올릴 때에는 반드시 허락을 구한 후에 올려야 하며, 자신의 주소나 전화번호, 생일 등을 입력하지 않아야 한다. 특히 생일 기념사진을 올리는 것 때문에 생일을 쉽게 노출하는데 생일 날짜가 정확히 드러나지 않도록 생일 사진을 올릴 때 하루나 이틀 뒤에 올리는 것이 좋다.

셋째, 비난이나 욕설 그리고 타인의 감정을 상하게 하는 글도 범죄가 될 수 있다는 것을 명심해야 한다. 스마트폰이나 인터넷 공간의 욕설과 상대방을 괴롭힐 목적으로 올리는 정보 등은 실제 삶에서 욕하는 것보다 훨씬 심각한 '범죄의 사유'가 될 수 있다. 이것은 인터넷 공간의 파급력이 훨씬 크기 때문이다.

혹시 개인이나 자녀가 SNS에서 모욕을 당하는 경우 흥분해서 일단 바로 '나가기'를 시도하는 경우가 많다. 그러나 대부분 한번 나가면 증거가 사라지기 때문에 가능하면 나기기 전에 화면 복사를 해놓는 것이 좋다.[2] 그리고 대화창에서 나가는 것보다 당당하게 친구들에게 다음과 같이 단호하게 경고하는 것도 좋다.

"나 지금 이 화면 복사해놓았다. 지금 너희들의 이런 행동은 범죄라는 사실들을 알고 있니? 너희들의 이 행동 때문에 난 지금 마음이 상당히 아파! 만약 지금처럼 날 놀리거나 비난하는 것이 계속되면 난 부모님이나 선생님께 말씀드릴 수밖에 없다. 그래서 너희들에게 꼭 사과를 받을거야."

넷째, SNS에 글을 올릴 때에는 사실 관계가 분명한 글이나 출처가 정확한 글을 올려야 한다. 인터넷 공간은 사실 확인이 어려운 글

---

2. 화면에서 나가면 스마트폰 상에서는 사라지지만 서버에서는 남아있다. 그러나 아주 위급하거나 꼭 필요한 사항이 아닌 경우 서버의 정보를 개인에게 제공해주지 않기 때문에 가급적 당사자가 스스로 증거를 남겨놓는 것이 좋다.

이 마치 진실처럼 포장되어 돌아다니는 글이 많다. 따라서 내게 전해진 정보들은 항상 출처가 명확한지 살피면서 믿어야 한다. 더불어 내가 다른 사람에게 정보를 제공할 때 사실 관계가 분명하지 않은 글을 가급적 유포하지 않는 것이 좋다. 그리고 기사나 남의 말을 인용할 때에는 반드시 출처를 밝히는 것이 수많은 정보의 진실 유무를 찾고, 저작권을 지켜주는 데 도움이 된다.

다섯째, 감정을 활용할 수 있는 이모티콘을 잘 활용하는 것도 도움이 된다. SNS는 서로 마주 보고 있지 않기 때문에 사람의 감정을 굳이 말로 하지 않으면 상대방의 생각을 파악하기 어렵다. 따라서 이모티콘을 활용하면 내 감정을 상대방에게 잘 전달할 수 있다. 더불어 요즘 이모티콘은 웃음을 선사하는 재미있는 그림들이 많아 서로 웃음과 따뜻함을 줄 수 있다.

여섯째, 가급적 위로하는 말, 힘이 되어줄 수 있는 격려하는 말을 자주 한다. 기계문명이 발달할수록 고독과 외로움을 느끼는 사람들이 많다. 사람의 기분이나 감정은 서로 마주 보면서 전이된다. 코미디 영화를 볼 때 혼자 보는 것보다 같이 보는 것이 더 재미있는 것은 다른 사람이 웃을 때 그 감정이 나에게도 전이되기 때문이다. 따라서 오프라인에서는 행복이나 기쁨의 감정들이 서로 전달되어 더 행복과 기쁨을 나눌 수 있다. 그러나 SNS를 거치면 상대방의 감정 상태가 눈에 보이지 않기 때문에 기쁘고 행복한 표정을 전이시키는 것이 차단된다. 따라서 이럴수록 더 기쁘고 행복함을 느낄 수 있는 적극적인 표현들이 중요하다.

필자가 학생들에게 상담 자료를 만들기 위해 다음과 같은 문제를 내고 나머지 문장을 완성하게 하곤 했다.

> 내가 스마트폰을 하면 우리 부모님은 (                    )

이 물음에 대한 학생들의 대답은 매우 다양했다. 가장 많이 나오는 대답은 '그만하라고 하신다.'였고, '화를 내거나 짜증을 낸다.'와 유사한 대답도 매우 많았다. 이 내용에서 엿볼 수 있는 결론은 우리의 교육 방식이 매우 왜곡되어 있다는 점이다. 그렇게 짜증 내거나 못하게 할 스마트폰을 과연 왜 사 주었을까? 물론 부모의 입장에서 아이들이 사 달라고 하도 졸라서 사 주었더니 계속 스마트폰만 붙잡고 있는 자녀들을 보면 너무 답답할 것이라는 마음은 이해가 된다. 그러나 그렇다고 해서 자녀들의 스마트폰 사용에 대한 교육이 없이 부정적인 인상을 주는 것은 도움이 되지 않는다. 가능한 교육적인 결과가 나올 수 있도록 대화를 진행하는 것이 중요하다. 일부 부모의 경우 답답한 마음을 진정시키고 "뭐하니?"라고 물었더니 아이들이 "엄만 몰라도 돼!"라고 말해서 더 화가 났다는 부모도 있었다. 물론 여러 가지 이유가 있지만 이런 경우 '뭐하니?'라는 물음은 아이의 입장에서 감시받는다는 생각을 가질 수 있다. 그래서 오히려 삐딱하게 반응을 보일 수도 있다. 따라서 '뭐하니?'보다는 '재미있는 걸 하고 있나보구나? 나도 좀 가르쳐줄래?'라고 말하는 것이 조금이나마 더 긍정적인 반응을 가져올 수 있다. 결과적으로는 무엇을 하고 있는지 묻는 표현이지만 아이들이 감시받고 있다는 느낌을 주지 않기 때문이다.

이처럼 스마트폰 사용이나 대화 방법을 지도하는 데서 몇 가지 생각해볼 점이 있다.

첫째, 위의 사례에서 본 것처럼 스마트폰 사용에 대한 부정적인 감정을 싣지 말아야 한다. 이런 경우 자녀들은 부모가 보지 않는 곳에서는 안 할 수 있어도 부모가 없는 곳에서는 오히려 더 많이 사용할 가능성이 매우 높다. 몰래 하는 스마트폰이 훨씬 더 재미를 주기 때문이다.

둘째, 사용 중지보다는 사용 중지 예고가 효과적이다. 지금 바로 그만하라고 말하는 것은 아이들의 입장에서 하던 것을 마무리하지 못하고 끝내야 하기 때문에 매우 기분이 좋지 않다. 따라서 아이들에게 종료 시간을 정해주는 것이 아이의 기분도 크게 나쁘지 않고 자신이 끝낼 시간을 생각하면서 마음의 준비를 할 수 있기 때문에 더 효과적이다. 실제 필자의 자녀들에게도 다음과 같이 이야기하곤 한다.

"10분만 더 하고 이제 그만하는 거야!"

"이제 마지막으로 그 게임은 한 번만 더 하고 그만 할까?"

과거에는 약속한 시간이 되었으니 바로 끄게 하였을 때 좀 짜증 섞인 모습과 아쉬워하는 모습이었지만 이런 방식으로 바꾸고 나서 아이들의 기분도 나쁘지 않게 마무리하곤 했다.
이 방법 외에 상황에 따라 다음 방법도 효과가 있다.

(아빠) "와 우리 한영이 약속한 시간이 다 되어가네. 이제 몇 분 더 하고 끌거야?"
(한영) "몇 분 남았어요?"
(아빠) "응 3분 남았네."
(한영) "응 그럼 3분만 더 할께요."
(아빠) "와 우리 한영이 약속을 잘 지키려고 노력하는 모습이 멋있어서 5분 정도 할 수 있도록 해줄게, 여기 시계 있으니 네가 5분 정도 후에 끌 수 있지?"
(한영) "예! 당연하죠! 고마워요, 아빠!"

아이의 입장에서 약속을 잘 지키면 보상을 받을 수 있다는 생각 때문에 기분도 좋고 시간 약속도 충실하게 잘 지킬 수 있었던 것이다.
셋째, 스마트폰 교육을 위한 대화의 가장 중요한 점은 부모가 모범을 보이는 것이다. 필자는 자녀들에게 너희들과 같이 있을 때에는 중요한 일이나 수신 정도 외에는 가급적 하지 않겠다고 약속을 했다. 이 약속의 이유는 스스로 스마트폰 사용 시간을 줄여서 그 시간 동안 자녀와 지내기 위한 목적도 있지만 사실은 자녀들에게 내가 먼저 모범을 보일 테니 너희도 아빠처럼 스마트폰을 자제하라는 무언의 대화라 할 수 있다. 어떤 부모는 자신은 스마트폰을 끼고 살면서 자녀들의 사용에 대해서는 뭐라 하는 사례가 많다. 심지어 자신은 스마트폰 게임을 하면서 자녀들은 못하게 하는 부모도 있다. 이런 식의 대화는 자녀들에게 불신만 줄 뿐 효과를 기대할 수 없다.

# 보드게임으로 스마트하게 놀기

## 손을 사용하는 대면 놀이가 아이 발달을 돕는다

놀이 연구가 스튜어트 브라운 박사는 어렸을 적에 놀이를 해보지 못한 사람은 사회성이나 뇌 발달에 심각한 악영향을 받는다고 말했다.[1] 그의 연구팀은 텍사스 타워 살인 사건[2]의 주범인 찰스 휘트먼이 그의 성장기에 놀이가 부족했다는 사실에 주목하면서, 개인 놀이가 절제력 향상에 도움이 된다고 했다. 이때 브라운 박사는 놀이에 있어 '손'의 사용을 무엇보다 중요하게 생각했다. 그는 손과 뇌의 연결

---

1. 다음의 동영상을 참고하였다. www.TED.com 스튜어트 브라운이 말하는 '재미를 넘어서서 꼭 필요한 놀이'(원제 : Stuart Brown: Play is more than fun)
2. 1966년 8월 1일, 미국 오스틴 텍사스 대학의 학생이었던 찰스 휘트먼(Charles Whitman)은 27층 건물에 올라가 경찰에 사살당하기 전까지, 14명의 사람을 죽이고 31명에게 상처를 입혔다.

성을 설명하면서, 손을 이용한 놀이를 많이 해보지 못한 사람은 문제 해결 능력 또한 부족하다는 것을 강조했다. 이에 대한 연구는 아직 많이 부족한 상태이지만, 여기서 우리가 알 수 있는 것은 아이들이 손으로 사물을 만지면서 즐기는 능동적인 놀이는 단순 놀이 이상의 의미가 있다는 점이다.

최근 스마트 기기를 이용하는 아이들의 학습 및 놀이 프로그램이 많이 쏟아져 나오고 있다. 긍정적 수용자들은 이러한 콘텐츠들이 아이들의 뇌 발달을 도와 학습 효과가 극대화될 것이라고 생각한다. 하지만 이러한 스마트 기기의 콘텐츠들은 브라운 박사가 말하는 '손'을 이용한 놀이와는 전혀 다르다. 아이들이 핸드폰 또는 스마트 기기를 사용하는 것은 엄밀히 말해 손이 아니라 손가락을 이용하는 것이고, 자율적이고 능동적인 것이 아니라 프로그램화되어 있는 현상에 대해 한정적이고 수동적인 연쇄반응을 일으키는 것이다. 그에 반해 오프라인 놀이는 처음부터 형태나 규칙 등을 아이들이 스스로 정하고 만들어가는 놀이다. 진정한 놀이는 아이들이 주도하여 창의적으로 주변 환경을 만들어갈 수 있어야 한다.

경기도 성남의 샘물기독학교는 유치원 6세반부터 초등 6학년과정까지 약 200여 명의 학생들이 있는 대안학교다. 이 학교에서는 학생들의 컴퓨터게임을 금지하고 있다. 또한 학교에 핸드폰 및 스마트 기기를 가져올 수도 없다. 학교 내에서뿐 아니라 방과 후 가정에서도 이 규칙은 이어진다. 모든 학부모들이 가정에서도 이 규칙을 철저하게 지도하겠다는 서약이 있어야 자녀를 이 학교에 보낼 수 있다.

최근 대부분의 초등학생들은 핸드폰과 스마트폰을 소지할 수 있으며, 학교 쉬는 시간이나 점심시간에 이것을 가지고 논다. 예전에는 전화라는 것이 소통을 위한 도구였다면, 이제는 아이들에게 이것은 놀이의 수단이기 때문이다. 그렇다면 샘물기독학교의 학생들은 쉬는 시간이나 점심시간에 친구들과 무엇을 하며 지낼까? 한마디로 전통적인 놀이를 즐긴다. 공기놀이, 딱지치기, 팽이치기가 샘물기독학교 학생들의 훌륭한 놀이다. 샘물기독학교 학생들의 노는 모습을 관찰하면 부모님 세대가 놀던 방식 그대로 서로 간에 합의된 규칙을 만들고, 정해진 방법대로 놀이를 즐긴다. 단순히 손가락만 이용하는 것이 아니라, 손을 사용하고 경우에 따라서는 온 몸을 이용하여 논다.

오프라인 놀이가 컴퓨터 또는 스마트폰 게임과 다른 점은 친구들과 직접 얼굴을 맞대고 즐기는 대면(對面) 놀이라는 점이다. 컴퓨터나 스마트폰 게임은 친구가 없어도 컴퓨터와 게임을 즐길 수 있다. 하지만 오프라인 놀이는 반드시 한 명 이상의 친구가 필요하다. 이것은 게임할 때 사용하는 감각이 손이냐 손가락이냐 하는 구분과는 차원이 다른 문제다. 이것은 게임을 통해 인격적인 교류가 있느냐 없느냐의 중요한 구분이 된다. 사람은 다양한 인격적 교류를 통해서 학습하는 존재다. 내 행동에 따라 상대방이 어떻게 반응하는지를 보면서 나의 행동을 수정하게 되는 학습이 일어나게 된다. 그러나 컴퓨터게임은 대체로 이런 학습이 일어나기 어렵다. 그래서 상대방의 반

〈아이들의 놀이〉의 자세한 부분 (출처 : 위키백과)

응을 제대로 볼 수 없기 때문에 내키는 대로 행동한다. 이 때문에 컴퓨터 게임을 하다보면 상대방의 예의 없고, 절제 없는 행동 때문에 상처를 입는 경우가 많다.

성남의 샘물기독학교의 사례에서도 보듯이 핸드폰이나 스마트 기기가 없어도 아이들은 심심해하다가도 결국엔 친구들과 노는 방법을 찾게 된다. 아이들에게 놀이는 선택이 아니라 필수이자 본능이기 때문이다. 네덜란드의 화가 피터르 브뤼헐(Pieter Brueghel de Oude)의 그림 〈아이들의 놀이〉(1560)에서는 당시 아이들의 다양한 놀이를 묘사하고 있다. 마을의 놀이터에서 아이들은 흙장난, 팽이치기, 바람개비 돌리기, 꼬리잡기, 비석치기, 말타기, 공기놀이, 굴렁쇠 굴리기 등 우리에게도 익숙한 놀이들을 하고 있다. 이 그림을 통해 아이들의 놀이는 시대와 장소와 상관없이 보편적인 통일성이 있다는 것을 알 수 있다. 그리고 이것은 놀이가 인간의 본성과 매우 밀접한 관련이 있다는 것을 말해준다.

이제 우리 아이들을 떠올려 보자. 핸드폰 및 스마트 기기 등의 무분별한 수용이 아이들로부터 진정한 놀이를 빼앗은 것은 아닌지 생각해보자. 여기에 과도한 사교육 열풍이 놀이터에 있어야 할 아이들을 입시 경쟁이라는 전쟁터로 내몬 것은 아닐까? 아이들을 위한다는 명목으로 인간의 본성에 해당하는 놀이를 없애버린 것은 아닌지 심각한 고민이 필요하다.[3]

## 학습을 하며 감정을 주고받는 보드게임의 매력

우리 아이들이 피터르 브뤼헐의 그림에 묘사된 놀이를 하는 것은 쉽지 않다. 특히 학교나 집 앞 골목에서 다시 보는 것에는 많은 어려움이 따른다. 입시 위주의 교육 현실과 맞벌이 부모의 증가는 물론이고, 위험한 동네의 환경들이 예전과 많이 달라져 놀이의 회복을 저해하는 장해물이 되었다. 따라서 이 글에서는 1차적인 대안으로 실내에서 즐길 수 있고 가족 단위로 또는 적은 수의 친구들과 함께 할 수 있는 보드게임을 소개하고자 한다.

보드게임이란 원래 보드(board : 얇은 판)위에서 말을 움직여 노는 게임을 말한다. 현재는 이런 개념이 확장되어 보드뿐 아니라 카드(card), 타일(tile : 패), 말판(dice : 주사위게임)을 이용한 놀이 등을

---

[3]. 이에 대해서는 EBS 다큐멘터리 〈놀이의 반란〉을 참고해보자.

총칭하는 개념으로 확장되고 있다. 그럼 보드게임은 어떤 특징이 있을까?

먼저 보드게임과 컴퓨터게임(온라인 게임 포함)을 비교해보자.

첫째 컴퓨터게임은 사람과 컴퓨터를 매개체로 하는 게임인 데 비해서 대부분의 보드게임은 사람과 사람이 마주하면서 놀이를 진행한다. 따라서 컴퓨터게임은 서로의 감정 전달이 비교적 어려운 반면, 보드게임은 게임을 하는 상대방과 감정을 주고받을 수 있다. 이 때문에 나의 감정이 그대로 상대방에게 전달되고, 같이 웃고 즐길 수 있으며, 내 행동의 결과들이 상대방에게 어떤 영향을 주는지도 알 수 있다.

둘째 컴퓨터게임은 컴퓨터 자판을 통해서 움직이기 때문에 손목운동이 주를 이룬다. 그리고 눈은 컴퓨터 모니터 안을 주시하기 때문에 눈동자의 움직임이 매우 적은 편이다. 그러나 보드게임은 매우 다양해서 주사위나 윷을 던지기도 하고 서로 벌칙을 주면서 온몸을 움직이는 것까지 매우 다양하게 존재한다. 더불어 눈동자의 움직임 반경이 매우 넓다. 따라서 보드게임은 컴퓨터게임에 비해서 매우 동적이기 때문에 컴퓨터게임 때문에 발생하는 VDT 증후군 등의 위험성이 없다.

셋째 보드게임은 끝이 존재한다. 최근 온라인 게임의 경우에는 레벨과 아이템의 개념 때문에 끝이 보이지 않을 정도로 계속되기 때문에 중독의 위험성에 노출되기도 한다. 그러나 보드게임은 일부 고스톱이나 포커 같은 사행성 게임을 제외하고는 대부분 끝이 존재한다.

따라서 한참 재미있게 놀다보면 놀이가 끝이 나기 때문에 중독 증세에 빠질 위험성이 훨씬 적다.

넷째 보드게임은 상황에 맞게 규칙을 바꿀 수 있다. 온라인 게임은 한번 정해진 규칙을 바꾸기 위해서는 프로그램을 바꿔야 한다. 그러나 보드게임은 상대방과의 약속으로 규칙을 상황에 맞게 바꿀 수 있다. 복잡한 규칙 때문에 초보자나 어린이들이 힘들어하는 경우에는 규칙을 간단히 해서 남녀노소를 가리지 않고 모두가 즐길 수 있다. 상황에 따라서 똑같은 도구를 가지고도 전혀 다른 게임을 즐길 수 있다는 장점도 있다. 더불어 규칙을 새롭게 정하는 과정을 통해서 타협과 협상이라는 것도 배울 수 있는 기회가 된다.

그러면 우리나라의 전통 놀이 중 보드게임에는 어떤 것이 있을까?

원래 우리나라의 윷놀이도 말판을 이용한 보드게임에 속한다고 볼 수 있다. 이 밖에도 바둑, 장기, 화투, 공기를 이용한 놀이도 보드게임이라 볼 수 있다. 또 아버지 어머니께서 어렸을 적 놀던 고누도 대표적인 보드게임이라 할 수 있다. 특히 고누는 장기나 바둑의 원형으로 장소에 상관없이 땅이나 종이 위에 말판을 그리고 작은 돌이나 나무토막만 있으면 어디서든 즐길 수 있는 놀이다. 일정한 모양의 선을 그은 후 선의 교차점에 돌이나 나무토막을 놓고 한 칸씩 진행하면서 상대방의 말을 먹거나 상대방의 집을 차지하면 이길 수 있는 게임이다. 생각을 많이 해서 전략을 치밀하게 세워야 이길 수 있는 게임이기 때문에 두뇌 발달에도 큰 도움이 되는 게임이라 할 수 있다.

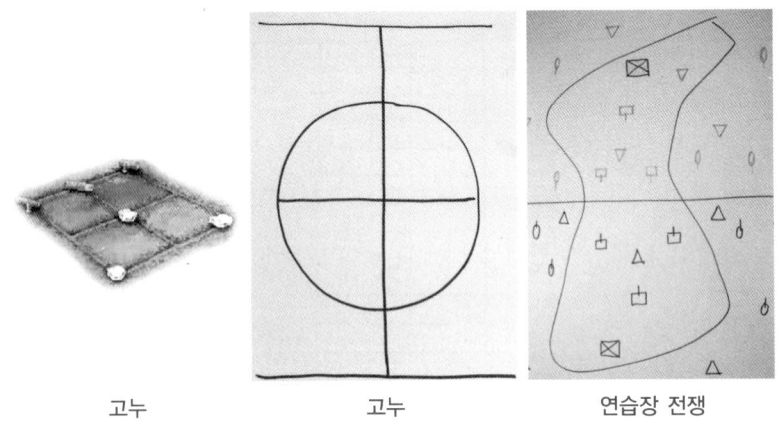

고누　　　　　　고누　　　　　연습장 전쟁

보드게임은 문명의 역사만큼이나 오래되었다. 기록을 통해 지금까지 알려진 가장 오래된 보드게임은 BC 3300년경 고대 이집트에서 성행했던 세네트(senet)라는 게임이다. 그리고 현재 발굴된 가장 오래된 보드게임은 BC 2600년경 메소포타미아의 첫 왕조였던 우르 왕조 때 만들어졌다. 현재 우르 왕실의 게임판(Royal Game of Ur)은 영국박물관 56번 전시실에서 일반인들에게 공개되고 있다.

이 게임은 7개의 흑백돌과 3개의 피라미드형으로 구성되며, 현재의 체스, 오델로 게임과 유사하다. 이렇게 인류가 문명의 초기부터 보드게임을 즐겼다는 것은 게임 문화가 인류 문명의 발전에 의존한다기보다는 마치 의식주처럼 문명과 함께 시작하였고, 놀이는 인류의 본능이라는 점을 시사해 준다.

어떤 경우에는 보드게임이 단순한 놀이를 넘어 상당히 의미를 가지는 사례도 있다. 안네 프랑크는 1940년 나치 군인들을 피해 가족들과 함께 네덜란드 암스테르담의 은신처에 숨는다. 안네와 가족들이 아주 협소하고 밀폐된 공간에서도 외로움과 공포감을 떨칠 수 있었던 이유는 보드게임이 있었기 때문이다. 안네를 통해 다시 한 번 놀이가 얼마나 인간에게 중요한지 알 수 있다.

보드게임은 제한적이지만 진정한 놀이의 모습을 많이 담고 있다. 어떤 면에서 보드게임은 일반적인 놀이보다 더 교육적이다. 이것은 보드게임이 갖고 있는 특정한 테마 때문이다. 보드게임마다 다양한 주제를 갖고 있으며 그러한 주제들은 다양한 학습 주제들과 연관 지을 수 있다. 이에 대해서는 이 글의 마지막에 다시 소개하겠다.

보드게임을 즐기는 것에도 현실적인 문제들이 많이 있다. 당장 가족들과 즐기기 위해 보드게임을 구매하려고 하면 어디서 구매해야 할지 난감할 수밖에 없다. 일부 보드게임들을 대형 마트에서 구매할 수 있다. 하지만 대형 마트에서 판매되는 게임들은 종류가 극히 한정적이다. 대형 마트에서 절찬리 판매 중인 부루마블, 모노폴리, 호텔왕 등의 게임들은 시장 경제 체제 속에서 자본력을 키우는 게임이다. 물론 이러한 게임들이 경제 개념을 가르쳐주는 데 어느 정도는 효과적이다.

그러나 면밀히 살펴보면 이 게임들이 자본주의 원리들을 무비판적으로 받아들이게 만들어서 부정적 효과도 가져올 수 있다. 상당수 게임들은 학생들의 연령대에 맞지 않는 자극적인 주제와 내용들을 갖

인생게임

고 있다. 추리게임 CLUE는 8세(초등 1학년)부터 가능한 게임인데, 살인 사건의 용의자와 살인 장소, 살인 무기를 찾는 게임이다. 인생게임은 플레이어가 성공한 인생을 만들기 위해 명문 대학을 진학하여 출세의 길을 걷거나 일찍 사업에 발을 들여 막대한 재산을 벌어야 한다는 테마를 갖고 있다. 이 또한 인생 가치관이 돈을 버는 것이 궁극적인 목표라는 것으로 왜곡시킬 수 있다는 점에서 게임 가능 연령이 9세 이상이라는 점은 문제가 있다.

결국 좋은 보드게임을 자녀들에게 또는 학생들에게 제공하기 위해서는 학부모와 교사들이 보드게임 목록을 연구하고 양질의 것을 선택해야 한다. 이것은 도서를 선별하고 구매하는 것과 같다. 모든 책이 다 좋은 것이 아니듯, 모든 보드게임이 다 좋은 게임은 아니다. 그럼 어떤 보드게임을 어떻게 선별해야 하는지 생각해보자.

## 보드게임을 구성하는 3요소 : 구조, 기능, 미[4]

보드게임은 구조적 요소, 기능적 요소, 미적 요소를 고려하여 제작된다. 때문에 보드게임을 선택할 때에 이 세 가지 요소를 균형 있게 고찰해 보면 교육적으로 유익한 보드게임을 선별할 수 있다.

첫째는 구조적 요소다. 보드게임뿐 아니라, 온라인 게임이나 스포츠 등의 실외 경기 등 모든 게임에서 가장 중요한 것은 승리 조건을 만족시키기 위한 게임 방법이다. 이러한 게임 방법의 큰 줄기를 알고리즘이라고 한다. 알고리즘이란 게임의 문제를 해결하기 위한 규칙이나 절차를 말한다. 이 알고리즘을 어떻게 구성하느냐가 게임의 매

---

4. 이글은 필자의 대학 전공인 건축공학의 이론을 가져와 쓴 것이다. 건축을 구조, 기능, 미 3가지로 처음 이해한 사람은 로마의 건축가 비트루비우스(Marcus Vitruvius Pollio)이며 그는 레오나르도 다빈치의 그림 〈비트루비우스적 인간〉의 모티브가 되었다. 비트루비우스의 저술로 알려진 『건축십서』(De achitectura)는 10권으로 구성된 일종의 건축학 논문이다. 이것은 로마건축의 집대성이라고 할 수 있다. 그는 그리스 건축에서 상당한 영향을 받았는데 규칙적인 비례와 대칭 구조, 고전적 형식미를 강조했다. 그래서 그는 건축은 세 가지 본질을 반드시 갖추어야한다고 하였는데 그것이 견고함(Firmitas)과 유용성(Utilitas), 또 아름다움(Venustas)이다. 이 세 가지를 영어로 번역한 것이 바로 구조(Structure), 기능(Function), 미(Beauty)다.

우 중요한 요소가 된다. 알고리즘의 인과관계가 명확해야 안정된 게임이 가능하다. 알고리즘은 게임의 독창성을 규정짓는다.

일반적으로 대부분의 보드게임은 이전의 게임들의 알고리즘을 부분 빌려온다. 카드 게임의 경우 대부분이 타로 카드나 트럼프 카드의 형태를 가진다. 그리고 트럼프 카드의 형태로 1887년 미국에서 출시된 러미(Rummy)[5]라는 게임은 현재 많은 게임들의 알고리즘에 영향을 주었는데, 이 영향을 받은 게임들을 통칭하여 '러미 스타일'의 카드 게임이라 부른다. 국내 보드게임 부루마블은 미국의 모노폴리(Monopoly)의 알고리즘을 가져왔기 때문에 '한국형 모노폴리'라는 수식어가 붙었다.

보드게임 개발자들의 숙제는 완전히 독창적인 게임 알고리즘을 개발하거나, 기존 게임의 알고리즘을 일부분 가져와 새로운 게임 방법을 창조해내는 것이다. 어떤 게임은 기존의 게임들의 알고리즘들을 몇 가지 통합하여 새로운 형태의 알고리즘을 만들어내었다. 2012년도에 발매된 보드게임 '폭풍의 대권주자'는 대통령 선거를 테마로 많은 관심을 받았다. 기존의 유명한 게임들인 '도미니', '아그리콜라', '쓰루 디 에이지스', '푸에르토리코', '파워 그리드' 등, 현재 최고로 평가받는 명작들의 핵심 알고리즘들을 부분 빌려와 통합하여 새로운 게임으로 태어났다.

둘째는 기능적 요소다. 즉 보드게임을 하는 목적이다. 보드게임의

---

5. 러미(Rummy) 게임을 타일 형태로 만든 게임이 루미큐브(Rummikub)이다.

모노폴리          부루마블

기능적 요소는 크게 두 가지가 있다. 먼저 보드게임은 교육적 기능이 있다. 상당수의 보드게임은 삶의 이야기다. 과거의 역사나 현재의 삶의 이야기를 배경으로 하고 있다. 따라서 우리의 삶이 그대로 드러나 있고, 이를 통해서 간접경험을 얻을 수 있다. 게임 참가자는 이 간접경험을 통해 다양한 학습을 할 수 있다. 더불어 일부 보드게임은 다양한 지적 능력을 요구한다. 문제를 해결하기 위해서 기억력, 수리력, 창의력, 추리력 등을 사용해야 한다. 따라서 이런 과정을 통해서 뇌의 발달을 촉진시킬 수 있다. 그러나 교육적 기능이 없다고 해서 보드게임이라 말할 수 없거나 나쁜 보드게임이라 할 수는 없다. 다만 보드게임 내용이 교육적 기능에 역행하는 것에 대해서는 주의할 것을 명심해야 한다.

교육적 기능과 함께 '재미'도 기능적 요소에 포함된다. 보드게임은 즐기기 위한 놀이이기 때문에 재미는 보드게임의 가장 중요한 요소다. 따라서 재미가 없는 보드게임은 아무리 교육적인 목적을 달성할 수 있을지라도 가장 중요한 놀이의 본질을 잃어버렸기 때문에 보드게임이라 말할 수 없다. 오히려 그것은 교육을 위한 도구라 보는 것이 타당할 것이다.

좋은 보드게임은 재미뿐 아니라 교육적 기능을 함께 가지고 있는 것이다. 그런데 보드게임은 오락적 기능과 교육적 기능이 마치 양팔 저울처럼, 한쪽이 비중이 커지면 다른 한쪽은 그만큼 작아질 수 있다. 교육적 기능을 너무 강조하다보면 재미가 줄어들고, 재미만 너무 강조하다보면 반교육적인 내용이 늘어날 수 있다. 따라서 보드게임을 선택할 때 재미와 함께 교육적으로 어떤 영향이 있는지를 잘 살피는 것이 중요하다.

마지막 세 번째는 미적 요소다. 보드게임의 미적 요소는 보드게임의 대중적 상품화에 따라 소비자들의 구매를 끌기 위해 발전되었다. 보드게임 제작자는 보드게임을 담는 박스와 게임 방법 매뉴얼, 그리고 부속품과 액세서리에 해당하는 컴포넌트에 이르기까지 세심한 디자인을 고려해야 한다. 보드게임은 가상의 상황을 설정한다. 어떤 경우에는 하나의 새로운 세계를 창조해낸다. 이 때문에 게임의 몰입도를 결정하는 게임판이나 게임 카드 등의 디자인은 무엇보다 중요하다. 어떤 보드게임들은 이런 미적 요소가 게임의 정체성을 결정짓기도 한다. 프랑스 보드게임인 딕싯(Dixit)과 파불라(Fabula)는 카드의 그림을 보고 그 내용을 말로 표현하면서 게임을 진행한다. 따라서 이 두 게임에서는 무엇보다 미적 요소가 가장 중요하다고 말할 수 있다.

## 좋은 보드게임의 선별 조건 : 세계관과 메시지

독서를 위해 책을 선별하는 것이 중요한 것과 마찬가지로 보드게임도 어떻게 선별할 것인가는 중요한 과제다. 필자는 오락성뿐 아니라, 교육성까지 갖춘 보드게임을 고를 수 있는 기준을 세우고 이를 통해 선별된 게임들을 '살아있는 보드게임(living board game)'이라고 이름 지었다.

'살아있는 보드게임'은 영국 홈스쿨을 창시한 교육학자 샬롯 메이슨(Charlotte Maria Shaw Mason, 1842-1923)의 독서 교육 방법에서 주창된 '살아있는 책'(living books)의 개념에서 가져온 것이다. '살아있는 책'이란 다양한 주제에 관하여 주로 단일 저자가 저술한 책을 말한다. 샬롯은 이렇게 선별된 책들이 아이들의 사고 영역에 생기를 불어 넣어주기 때문에 무감각하게 정보만 전달하는 교재 또는 교과서들과 엄격하게 구분했다. 그녀는 이렇게 선별된 책들을 '살아있는 책'이라 불렀다.[6]

'살아있는 책'에는 세 가지 조건이 필요하다. 우선 단일 저자의 통합된 세계관이 전해져야 하고, 책으로서 문학적 가치가 있어야 하며, 저자가 전하고자 하는 이야기를 담고 있어야 한다. 마찬가지로 '살아있는 보드게임'은 게임 개발자의 가치관이나 세계관이 담겨져야 하

---

6. 샬롯 메이슨에 대한 보다 자세한 내용은 다음의 책을 참고하자. 『샬롯 메이슨과 함께하는 교육』(카렌 안드레올라 저, 임종원 역, 꿈을이루는 사람들, 2007).

고, 오락성뿐 아니라 교육적 기능이 있어야 하며, 보드게임 또한 메시지를 전달하는 일종의 매체로서 미디어 리터러시[7] 작업이 가능해야 한다.

게임 참가자들은 게임의 승리 조건을 만족시키기 위해 자연스레 게임 속에 담겨진 개발자의 세계관을 접한다. 더불어 교육 기능적 요소를 통해 자연스럽게 학습도 이루어진다. 그리고 게임을 이해하고 플레이하면서 자신이 직접 게임의 방향을 결정하고, 게임 참가자 간 교섭을 통해 자신의 생각들을 자유롭게 표현한다. 보다 성숙한 게임 참가자들은 게임이 오락성과 교육성의 균형을 잘 이루고 있는지, 더 나은 게임을 위해 게임 방법에서 고칠 점은 무엇인지 등 보다 생산적인 비평이 가능해진다.

부루마블의 경우, 이 게임의 승리 목적은 세계를 여행하면서 다양한 종류의 부동산을 매입하여 건물을 짓고, 다른 게임 참가자들로부터 부동산 임대료를 받으면서 부자가 되는 것이다. 한마디로 부동산 임대 수익을 통해 가장 많이 돈을 버는 사람이 이기는 게임이다. 이 게임을 제작한 개발자의 경제관은 자본주의이고, 인생의 가치는 돈에 의해 결정된다. 많은 기성세대들이 학생 시절 부루마블을 통해 경제 개념을 배웠다고 말한다. 즉 이 게임에 자본주의 경제 구조를 알

---

7. 리터러시(literacy)란 정보 이해 및 표현 능력을 말한다. 독서 교육을 통해 문자 리터러시 (읽기, 쓰기, 말하기)가 가능한 것처럼, 보드게임은 문자와 그림을 통해 메시지를 담고 있는 일종의 미디어로서 게임을 이해하고(읽기) 플레이하면서(쓰기, 말하기) 미디어 리터러시(media literacy)가 가능하다.

게 해주는 교육적 기능이 있는 것이다.

　반면, 우리는 이러한 자본주의적인 세계관과 성공관이 과연 이 시대에 바른 가치관을 심어줄 수 있는지 토론할 수 있어야 한다. 게임의 핵심 기술인 부동산 임대 수익이 과연 윤리적인가 하는 질문을 던질 수도 있다. 이렇게 게임을 이해하고 적극적 플레이를 통해 자신의 생각들을 표현하고, 게임이 미디어로서 적절한 메시지를 담고 있는지 등을 비평하는 것이 바로 '미디어 리터러시'다. 미디어 리터러시는 교사가 학습적 도구로 게임을 활용할 때에 유용하게 사용되는 방법 중 하나다.

## 보드게임이 주는 교육적 효과들 : 지적 능력과 사회적 기술의 조화

　보드게임을 통해 학생들이 발달시킬 수 있는 학습적 효과들이 있다. 바로 기억력과 집중력, 추리력과 인과관계 추론 능력, 공간감지력, 문제해결력, 선택과 책임, 협동심과 교섭력을 발전시키고, 인성교육 효과를 거둘 수 있다.

　첫째, 보드게임은 기억력 또는 집중력 훈련에 도움이 된다. 대부분의 보드게임들이 기억력에 따라 원활한 게임 진행이 이루어진다. '치킨차차차'는 다양한 위치의 카드를 기억하여 순서대로 찾아내는 게

할리갈리(2~6인용)  루미큐브(2~4인용)

임이며, 카드 게임 '일루전'은 4개의 화단에 심긴 꽃들이 중복되지 않도록 배치하는 기억력에 의존하는 게임이다. 4개의 화단에 어떤 꽃들이 심기는지 잘 집중해서 기억해야 한다. '할리갈리'의 경우엔 게임의 규칙이 간단하고 짧은 시간이 소요되어 가족들이 다 같이 즐기기에 좋은 게임이다. 한 장씩 뒤집으며 뒤집힌 카드 중 같은 과일이 5개가 되면 종을 치는 게임이다. '루미큐브'의 경우도 타일을 같은 숫자나 오름차순 또는 내림차순으로 연결하는 게임으로 창의력과 집중력을 향상시킬 수 있다.

둘째, 추리력 및 인과관계 추론 능력 발달에 도움이 된다. '다빈치 코드'는 0~9까지의 숫자들을 보이지 않게 연속으로 배치한 후에 어떤 플레이어가 어떤 숫자를 갖고 있는지 맞추는 게임이다. 다른 플레이어들이 갖고 있는 숫자들을 추리해서 상대가 어떤 숫자를 갖고 있는지 추리를 통해 맞춰야 한다. 추리 게임의 대명사는 살인 사건의 범인과 범행 도구, 그리고 장소를 알아내는 게임 '클루'다. 모든 플레이어들은 각자 거짓 단서들을 갖고 있으며, 사건 해결의 실마리를 제공하는 단서들은 숨겨져 있다. '클루'는 다른 플레이어들의 거짓 단서들을 하나씩 제거하면서 실제 단서들을 빨리 찾는 게임이다.

셋째, 공간 감지력 향상에 도움이 된다. '젠가', '피사의 탑' 같은 게임들은 실제 물리적 컴포넌트를 통해 구조물의 구조를 이해할 수 있는 게임들이다. '젠가'는 구조물이 무너지지 않도록 하면서 구성물들을 하나씩 제거해 나가기 때문에 공간 구조를 이해할 수 있는 능력을 발달시키는 데 도움을 준다. '피사의 탑'은 제목에서 알 수 있듯이 기울여져 있는 탑이 무너지지 않게 하면서 많은 관광객들을 탑에 올리는 게임이다. 이 게임에서는 양팔 저울의 원리처럼 물리적 균형감을 잘 유지할 수 있어야 한다. '큐피드'는 3×3 큐브 형태의 창의 블록을 소재로 한 게임이기 때문에 게임의 승패와 상관없이 게임을 할 때마다 창의 블록을 다루게 됨으로 공간 감지력이 향상된다.

넷째, 문제해결력을 키울 수 있다. 보드게임을 하는 중에는 상대 플레이어로부터 견제를 당하게 되거나 상대적으로 운이 따르지 않을 때, 곤궁에 빠지게 된다. 어려움에 빠진 게임 참가자는 문제의 원인과 함께 해결책을 고민해야 한다. 순전히 주사위 굴리기 등이나 찬

스 카드 등 운으로만 문제를 해결하게 하는 것은 좋은 보드게임의 요소가 아니다. 적당한 운도 중요하지만, 문제를 극복할 수 있도록 하는 장치가 마련되어 있어야 한다. 또한 다른 게임 참가자보다 빨리 승리 조건을 만들기 위해 더 좋은 해결책을 계속 생각해내야 한다. 요즘처럼 학교나 학원에서 수동적인 학습법에 길들여진 학생들에게 스스로 문제를 해결해가는 능력을 키우는 것은 어느 때보다 중요하다.

　다섯째, 선택과 그 책임을 배우게 된다. 보드게임은 완전히 독립된 하나의 작은 가상 세계를 만든다. 이 세계 안에서 플레이어는 선택을 하고 그 선택에 따른 결과를 받아들여야 한다. 가상 세계에서의 경험들은 현실과는 동떨어진 것이지만, 그 기본적인 상황과 그 상황에 대한 대처는 현실의 것과 유사하다. 가상 세계의 보드게임 속에서 배우는 선택과 그에 대한 책임은 현실 속에서 비슷한 경험을 하게 될 때에 대처하는 능력 향상에 도움을 준다. 학생들에게 선택과 그 결과에 따른 책임을 배우게 하는 것은 진로교육에도 적용할 수 있다.

　여섯째, 보드게임을 통해 협동심 또는 교섭력이 신장된다. 대부분의 게임들은 모든 플레이어가 개별적으로 게임을 진행하지만, 몇 가지 게임들은 팀플레이가 가능하다. '헬프미', '블랙스완' 같은 게임들은 2명씩 한 팀을 이루어 플레이할 수 있다. 보드게임의 한정되고 제한된 공간과 시간 속에서 팀웍을 이뤄야 하기 때문에, 어떤 게임이나 운동 경기보다도 빠르고 탄력성 있는 팀웍이 필요하다.

클루(2~6인용)

젠가(2~10인용)

카탄(2~4인용)

'카탄'은 자신의 차례에서 다른 게임 참가자나 중앙은행과의 교류와 협상 그리고 무역을 통해 게임이 진행된다. 이 게임에서는 어떤 경우에는 게임 참가자끼리 동료가 될 수도 있고, 경쟁을 위한 견제자가 될 수도 있다. 협상이 가능한 게임에서는 일반 게임 진행보다 교섭을 통해 승패에 영향을 주는 일이 많이 발생한다. 이런 교섭 활동을 통해 학생들은 설득 기술과 토론 기술을 익히게 된다.

마지막으로 보드게임을 통해 인성 훈련이 가능하다. 모든 게임과 운동 경기는 그 특성상 반드시 승패를 가려야 한다. 때문에 보다 더 엄밀하게 규칙을 지키도록 가르쳐야 한다. 보드게임을 통해 학생들은 공통으로 합의된 원칙과 규칙을 지키는 것을 배우게 된다. 만약 규칙을 어겼다면 자신의 잘못을 시인하고 그에 해당하는 벌칙을 받도록 하는 것이 좋다. 어떤 게임에는 규칙을 어겼을 때에 받게 되는 벌칙이 정해져 있으나, 대다수 게임들은 이러한 벌칙 규정이 없으므로 게임을 하기 전에 학생들과 미리 벌칙을 정하는 것도 좋은 방법이다.

또한 보드게임을 하게 되면 승부욕이 생기기 때문에 종종 학생들 간에 험한 말이 오고갈 수 있다. 학생들은 나이가 어릴수록 현실 세계와 가상 세계를 구분하지 못한다. 게임 속에서 겪은 부당한 대우에 대해 화를 참지 못하고 울음을 터뜨리거나 다른 학생에게 폭언 또는 폭력을 행사하는 경우도 있다. 평소에 인간관계가 미숙한 학생들이 게임을 할 때에도 동일하게 그 연약함을 드러내지만, 어떤 학생들은 평소에는 모범생인데 게임을 하는 도중 예상치 못한 상황에서 욕설

블로커스(2인용)            4목(2인용)

이나 상대방에 대한 비방, 그리고 이상 행동을 할 때가 있다. 이런 학생들은 평소에는 이러한 모습을 잘 드러내지 않다가 게임을 통해 감춰졌던 자신의 성품이 드러나는 것이다.

  어떤 경우에든 게임 도중 학생들이 비사회적인 언어와 행동을 했을 경우에는 즉각 훈육을 해야 한다. 보드게임 활동을 하기 전에 미리 담임교사나 학부모에게 학생에 대한 정보를 받는 것도 중요하다. 게임은 경쟁심을 피해갈 수 없기 때문에 사전에 학생들의 성향에 대한 정보를 가지고, 경쟁심에 과도한 반응을 하는 아이들을 잘 살펴야 한다. 특히 ADHD 성향이나 공격 성향이 있는 아이들은 미리 파악하고 있어야 갑작스런 사고를 방지할 수 있다.

  반대로 보드게임을 통해 학생들의 숨겨진 재능이나 은사가 발견될 수 있다. 평소에 얌전한 아이가 탁월한 교섭 능력을 보일 때도 있고,

게임 중에 남을 배려하는 자세가 남다른 학생들을 발견할 수도 있다. 미적 기능이 강조된 '딕싯' 같은 게임이나 언어적 표현력이 많이 요구되는 '파불라' 같은 게임을 통해 학생들에게 숨겨진 미적 감각이나 언어적 능력이 드러나기도 한다.

놀이는 아이들의 본능이다. 보드게임을 통해 아이들의 본능이 잘 드러나기 때문이다. 따라서 교사 또는 학부모는 아이들을 잘 살펴서, 인성 교육을 위한 객관적 데이터를 수집할 수 있다. 더불어 대화에도 도움이 될 수 있다. 보드게임에서 시간을 요하는 긴박감을 주는 것은 그리 많지 않다. 따라서 가족들이 보드게임을 할 때 중간 중간 대화가 가능하다. 예를 들어 필자의 경우엔 학생들과 상담이 필요할 때 오목을 수직으로 바꾼 버전인 '사목'을 자주 이용한다. 게임을 하면서 자연스럽게 대화를 하곤 한다. 그냥 얼굴을 마주 보고 하는 것보다 편안하게 주고받을 수 있기 때문에 잘 활용한다면 관계가 좋지 않을 때 요긴하게 활용할 수 있다.

독일에서는 보드게임 축제가 있을 때 아버지가 여행용 가방을 가져와서 보드게임을 가득 사는 모습을 쉽게 볼 수 있다. 이들이 이번에 구매한 것으로 가족들과 함께 1년 동안 같이 놀 것이라 말하는 모습 속에서 진한 여운을 느꼈다. 물론 노는 문화가 다르다는 차이도 있지만 상당수의 가정에서 자녀들과 놀 줄을 모르는 아빠들의 모습이 비교되는 장면이었다.

최근 컴퓨터게임과 스마트폰 게임이 발달하면서 자취를 감추었던 보드게임이 다시 새롭게 등장한 것은 컴퓨터게임에 비해 사람과 사람 사이에서 느낄 수 있는 인간적인 정서와 향수를 그리워하기 때문이라 할 수 있다. 그러나 이런 보드게임도 지금처럼 인간적인 만남에 의미를 두고 즐겁게 활용할 수 있다면 앞으로도 계속 발전하겠지만, 사행심과 연관되어 돈에 목적을 두거나 승리에만 연연한다면 보드게임의 부작용이 커질 것이다. 따라서 보드게임을 온전하게 즐기기 위해서는 게임의 승부나 돈과 같은 다른 부산물보다는 게임 자체를 즐기고, 사람과 사람 사이의 만남 자체에 의미를 두는 습관을 가져야 할 것이다.

## 우리 아이를 살리는 현명한 스마트폰 사용법

### 현명한 요금제 선택

 스마트폰을 사용할 때 무엇보다 먼저 고려해야 할 것이 요금제다. 현재 우리 환경에서 스마트폰을 적절히 사용하기 위해서는 충분하게 사용할 수 있는 요금제보다 가능한 부족한 듯 쓰는 것이 지혜롭다. 무제한 요금제를 쓰는 것은 직업적으로 꼭 필요한 경우를 제외하고는 사용하지 말 것을 권장한다.

 최근에는 최신의 스마트폰 단말기를 저렴한 가격에 구입하기 위해 자신이 원하지도 않은 비싼 데이터 요금제를 사용한다. 예를 들면 LTE69 요금제처럼 데이터와 통화 사용량이 남는데도 억지로 사용하게 된다. 아이들의 경우에 이처럼 사용량이 많이 남게 되면 오히려 스마트폰을 통제하기 힘들어진다. 따라서 자녀에게 스마트폰을 구입해 줄 때는 사용량이 제한되는 요금제를 선택해야 한다.

전화 통화에 비해서 무선 데이터를 많이 쓰는 경우에는 집에 무선 공유기를 설치하면 와이파이를 통해서 무선 데이터를 무료로 이용할 수 있다는 장점이 있다. 실제로 필자의 경우 집과 직장에 무선공유기를 설치하고 34,000원 최소 기본 요금제로도 충분하게 사용하고 있다.

남는 데이터, 무료 통화보다는 나에게 적절한 요금제를 선택하는 것이 경제적으로 현명한 판단이다. 또한 데이터를 적절하게 사용하고 있는지 점검할 필요가 있다. 데이터 사용량 체크 애플리케이션이나 중독 예방 애플리케이션을 설치하여 스스로 점검한다. 불필요한 애플리케이션은 메모리만 차지하게 되고 불필요하게 실행하게 된다. 따라서 불필요한 애플리케이션은 삭제하는 것을 권유한다.

## 언제나 조심해야 할 스마트폰 보안

스마트폰에는 나 외에 가족과 친구 그리고 내 주위의 많은 사람의 정보가 들어있다. 이런 스마트폰을 분실했을 때는 나뿐만 아니라 가족과 친구들의 소중한 정보들이 무차별적으로 노출될 우려가 있다. 때로는 이런 정보들이 유출되어 심각한 피해를 입히는 사례들도 적

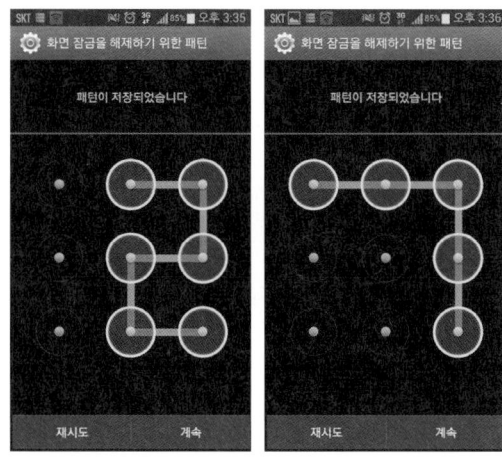

위와 같이 간단한 패턴은 보안이라 할 수 없다

지 않다. 따라서 내 스마트폰으로 인해서 다른 사람이 피해를 당하지 않게 하기 위해서는 반드시 암호를 설정해야 한다.

귀찮아서 암호를 설정하지 않거나 가족끼리 믿음이 부족한 것처럼 보여서 암호를 설정하지 않는 사람도 있다. 그러나 스마트폰의 개인 정보를 보호하기 위해서는 내가 조금 귀찮더라도 '내 폰 안에 있는 다른 사람을 위한 배려'라는 인식을 가지고 철저히 신경 써야 한다. 또한 자녀들에게도 스마트폰에 반드시 암호를 설정하도록 가르쳐야 한다. 암호를 설정할 때도 너무 쉬운 암호는 삼가야 한다. 특히 패턴 설정 시 아주 간단한 패턴은 쉽게 열릴 수 있다는 것을 명심해야 한다.

그리고 스마트폰 분실에 대비해야 한다. 스마트폰은 매우 고가이기 때문에 분실했을 때 상당한 경제적 피해를 입게 된다. 그러나 스마트폰 자체 못지않게 중요한 것이 스마트폰 속에 있는 모든 정보들이다.

우체국 핸드폰 찾기 콜센터(http://www.handphone.or.kr)

　우선 스마트폰 분실에 대비해서 스마트폰에 저장된 전화번호 등의 중요한 정보는 구글이나 통신사 프로그램들을 이용하여 동기화를 시켜놓으면 나중에 전화기를 분실했을 때나 교환할 때 간단하게 백업받을 수 있다.

　분실된 스마트폰을 습득했을 때 돌려주지 않는 사례가 많다. 그래서 분실했을 경우에 대비해 스마트폰 위치를 추적할 수 있는 애플리케이션을 설치하거나 스마트폰 통신 회사에 입력해 놓아야 한다. 그러면 분실했더라도 스마트폰 전원이 켜있는 동안 위치를 추적할 수 있다. 그러나 스마트폰 전원이 꺼지면 이마저도 매우 난감하다. 더구나 스마트폰 전원은 대개 하루 이상 지속되지 않을 때가 많다. 이런 경우 인터넷으로 우체국 스마트폰 찾기 서비스를 이용하면 간혹 잃어버린 스마트폰을 찾는 경우도 있다.

스마트폰을 습득했을 땐 바로 우체국에 가서 신고해야만 한다. 자칫 습득한 물건을 가지고 있거나 다른 통화를 시도하게 되면 절도죄에 해당될 수 있다. 따라서 주인을 찾으려는 노력 이외에 절대 다른 행위를 하지 않아야 한다는 점을 명심해야 한다.

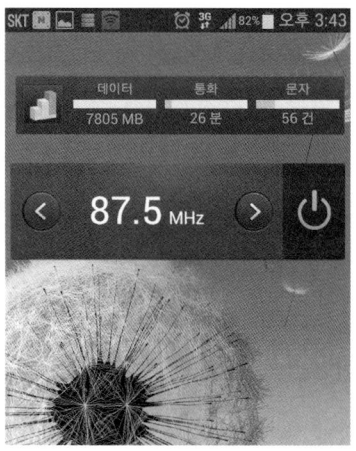

데이터, 전화, 문자의 남은 양이 항상 표시된다

## 중독 방지를 위한 애플리케이션

스마트폰 중독 방지를 위해서 필요한 애플리케이션을 설치해두도록 한다.

먼저 스마트폰 사용량을 점검해주는 애플리케이션이다. 통신사별로 고객 센터 애플리케이션에 자신의 정보를 한 번만 입력해놓으면 이후로 간단하게 자신의 사용 내역을 조회할 수 있다. 이 달의 사용 내역이나 오늘 하루 동안의 사용 내역 등 다양한 자신의 사용 정보를 확인할 수 있다.

이외에도 '도돌폰' 등의 애플리케이션은 설치하여 바탕화면에 위젯 형태로 구성할 수 있다. 위젯으로 바탕화면에 설치해놓으면 화면

중독 방지 애플리케이션들

을 켤 때마다 자신의 사용량을 확인할 수 있는 장점이 있다. 자신의 총 사용량 중 데이터, 전화, 문자의 남은 양을 항상 볼 수 있기 때문에 자신의 요금제를 넘어서지 않도록 스스로 조절하는 데 도움이 된다.

스마트폰 중독 예방을 위한 애플리케이션들도 있다. 앱스토어에 들어가서 '중독'이라는 글자를 치면 다양한 스마트폰 중독 예방 애플리케이션들이 나온다. 이 중에서 자신이나 자녀에게 맞는 애플리케이션들을 설치해서 설정을 하면 원하는 내용의 중독 예방 프로그램들을 실행할 수 있다. 스스로 정한 일정 시간 동안 애플리케이션들을 실행하지 못하는 것부터, 게임만 실행되지 않게 하거나, 몇 시부터 몇 시까지 모든 스마트폰을 차단하는 애플리케이션까지 매우 다양한 애플리케이션들이 있다. 이 애플리케이션은 수업 시간, 회의 시간, 업무 시간에 스스로 자제하기 힘든 사람들에게 매우 유용한 애플리케이션이다. 최근에는 중독 예방 애플리케이션이 스마트폰 일부 기능을 중단시켰을 때 이를 다시 실행시키기 위해서는 부모나 연인 등 다른 사람이 해제시키는 애플리케이션도 등장하였다. 이를 통해 서로가 과몰입 예방을 도와주는 문화도 퍼져나가고 있다.

## 가정에서 스마트폰 사용 규칙

스마트폰 사용은 습관과 관련 있다. 따라서 스마트폰 사용에 대한 약속을 통해서 바람직한 사용 습관을 가르쳐야 한다. 자녀들과 꼭 나누어야 할 몇 가지 약속들을 정리해보았다.

첫째 퇴근이나 하교 후 스마트폰을 어디에 둘 것인가에 관련된 문제다. 가능하면 스마트폰 보관함은 잠자리나 공부방과 분리하는 것이 좋다. 어떤 가정은 집에 들어오는 순간부터 거실의 바구니에 스마트폰을 넣어두는 가정도 있다. 일정한 시간이 되면 모든 스마트폰 전원을 끄고 충전기에 꽂아둔 후 아침에 다 같이 전원을 켠다고 한다.

보통 집에서 스마트폰을 가지고 있으면 그만큼 자주 확인하는 습관을 가지게 된다. 특히 학생들이 24시간 스마트폰을 가지고 다니는 태도는 스마트폰에 대한 집착을 만드는 지름길이 될 수 있다. 따라서 가정에 귀가한 후에는 가능한 스마트폰을 일정한 장소에 놓고 스마트폰과 떨어져서 일상적인 생활을 할 수 있어야 한다.

최근 가정에서 스마트폰 때문에 대화가 줄었다고 상담을 요청하는 사례가 많아졌다. 이들 가족의 공통적인 특성은 집에서도 스마트

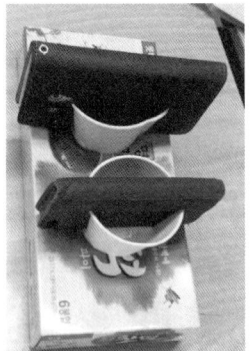

스마트폰 보관함

폰을 계속 손에 들고 다니는 것이다. 따라서 가족 구성원 모두가 함께 스마트폰을 일정한 장소에 놓는다면 가족들 간 대화가 줄어드는 것을 방지할 수 있다. 더불어 스마트폰의 과도한 이용 시간을 줄이는 효과도 가져올 수 있다.

둘째는 스마트폰 전원을 언제 끌 것인가에 대한 문제다. 일반적으로 가정에서는 9~10시 이후 전화 통화를 자제하는 가정이 많다. 이런 가정에서는 다 같이 9시나 10시 이후 스마트폰 전원을 끄는 것이 좋다. 일정한 시간을 정해서 전원을 끄는 것은 잠을 방해하는 요소를 줄임과 동시에 불필요한 사용 습관을 예방하는 데 많은 도움이 된다. 최근 학생들 대다수가 잠들기 전까지 스마트폰을 하면서 늦은 잠을 자는 학생들이 많아졌다. 한번 스마트폰에 재미를 붙인 학생들 중에는 잠을 설쳐가며 이른 새벽까지 스마트폰에 집중하는 학생들도 있다. 이로 인해 학교에서 수업 시간에 집중하지 못하는 원인이 되거나 건강을 해치는 사례들도 매우 많다. 따라서 가정에서 같이 논의를 통해서 일정한 시간 이후엔 전원을 끄는 것도 스마트폰 중독을 예방하고 충분한 수면을 유도하는 매우 중요한 방법이다.

셋째는 자녀에게 '스마트폰은 내 것이 아니다'라는 인식을 명심하게 하는 것이다. 아동과 청소년 스마트폰은 반드시 부모의 동의하에 가입이 이루어진다. 더불어 요금 역시 대부분 부모님이 대신 내는 경우가 많다. 부모의 동의가 필요하다는 것은 부모가 책임을 지라는 의미가 포함된다. 자녀의 스마트폰을 사줄 때 네 것이라는 말보다는 '너를 위해서 부모가 대여해 주는 것'이라는 인식의 전환이 필요하다.

넷째, 부모가 자녀 스마트폰의 애플리케이션을 확인할 수 있다는 약속을 맺어야 한다. 스마트폰은 중독을 유발시키는 애플리케이션, 상업적인 유료 애플리케이션, 또는 정보를 유출시키거나 해킹·바이러스의 가능성이 있는 애플리케이션 등 좋지 않은 애플리케이션도 매우 많다. 잘 몰라서 설치한 애플리케이션으로 인해 스마트폰이 망가지거나 귀중한 가족의 정보가 새 나가 개인과 가족이 큰 피해를 당할 수도 있다. 특히 초등학생의 경우 스마트폰 애플리케이션을 설치할 땐 꼭 사전에 부모의 허락을 얻도록 해야 한다. 그리고 중학생이나 고등학생에 대해서는 사전 허락보다는 부모가 가끔씩 스마트폰을 확인할 수 있도록 약속하는 것이 좋다. 그래서 자녀의 스마트폰 암호는 가능한 부모와 공유할 수 있도록 해야 한다. 대신 자녀가 고학년으로 갈수록 개인적인 정보에 대해서는 존중해주는 태도가 함께 병행되어야 한다.

지금까지 이야기한 내용들에 몇 가지를 추가하여 스마트폰을 바람직하게 사용하기 위한 방법들을 정리해보았다.

바람직한 스마트폰 사용을 위한 10가지 팁(Tip)

1. 스마트폰 암호는 반드시 설치한다.
2. 30분 이상 스마트폰을 사용할 땐 목운동이나 팔운동 등을 위해 반드시 쉬는 시간을 갖는다.
3. 운전 중이나 걸을 때에는 절대 스마트폰을 이용하지 않는다.
4. 다른 사람을 만날 때는 스마트폰을 주머니나 가방에 넣는다.
5. 스마트폰 사용 시에는 가능한 눈에서 30cm 이상 간격을 유지한 채 사용한다.
6. 일주일에 하루 이상, 하루 중 일정 시간 동안은 반드시 스마트폰을 꺼둔다.
7. 꼭 필요한 만큼의 데이터 요금제를 사용한다.
8. 집에서는 거실의 일정한 장소에 스마트폰을 함께 보관한다.
9. 사용량 체크 애플리케이션이나 중독 예방 애플리케이션, 자녀 관리 프로그램 애플리케이션 등을 설치하여 자신과 자녀의 사용 습관을 점검한다.

10. 불필요한 애플리케이션을 삭제하고, SNS 등에 불필요한 글을 올리지 않는다.

# 스마트 시대의 아이들과 문화

## 소통이 없는 문화가 만들어내는 스마트폰 중독

방과 후 교실 앞에는 많은 아이들이 다른 친구들을 기다리고 있다. 그 와중에는 수업이 일찍 끝난 저학년 아이가 언니나 오빠를 기다리는 모습도 종종 볼 수 있다. 꽤 오랜 시간이 지났음에도 묵묵히 언니를 기다리는 모습을 보면 저학년이지만 의젓하고 대견스럽기 그지없다. 하지만 기다리던 언니가 교실 문을 박차고 나오면 태도는 180도 변한다. 언제 그랬냐는 듯 겸연쩍어 하는 모습도 볼 수 있고, 서먹서먹하여 자신의 스마트폰을 들여다보기도 하며 심지어는 멀찌감치 떨어져 걷기도 한다. 물론 안에서 나오던 언니의 모습도 그리 반갑지만은 않다. 이런 모습이 너무 의아해서 필자는 오랜 시간을 기다리던 동생에게 물어본 적이 있었다. 그랬더니 돌아온 대답은 너무나 간단했다. "엄마가 기다렸다 같이 오래요. 근데 언니랑 이야기하면 세대 차이가 나서 같이 가기 싫어요." 그리고 언니의 대답 역시 비슷했다. 요즘 애들은 너무 버릇이 없단다. 그래서 같이 다니기 싫다고 이야기했다. 가장 충격적인 것은 그 둘이 2살밖에 차이가 나지 않는다는 사실이다. 이런 일들은 학교에서 비일비재하다. 한 살이라도 어린 학생들은 자신보다 나이가 많은 언니, 오빠들이 고리타분하고 세대 차이가 난다고 생각한다. 반대로 한 살이라도 많은 학생들은 자기보다 한 살이라도 어린 동생들이 버릇이 없고 개념이 없다고 생각한다.

그런데 어른들과는 어떻겠는가? 많은 학부모님들이 학교에 상담을 오시면 도대체 아이들을, 아이들의 문화를 이해할 수 없다고 이야기한다. 왜 저렇게 화장을 짙게 하고, 여자애들처럼 생긴 오빠들을 좋아하고 따라다니는지 모르겠다고 한다. 그리고 아이돌 가수들이 무슨 노래를 하며, 춤을 추는 건지 도저히 이해할 수 없다고 한다. 그럼에도 불구하고 아이들은 뭐가 그렇게 좋은지, 집에 오면 크게 음악을 틀어놓고, 컴퓨터에서 동영상을 찾아보며 그들의 춤과 노래를 따라서 하는데 그런 것들이 도무지 마음에 안 든다고 하신다. 그런데 학부모님들이 모르는 비밀이 있다. 이것은 아이들도 마찬가지라는 것이다. 뉴스만 보는 아빠는 고리타분하고, 막장드라마를 보며 울고 웃는 엄마들은 이해할 수 없다고 한다. 고무줄을 하며,

딱지치기를 하던 부모 세대와 스마트폰을 하며 게임을 즐기는 아이들 세대에는 커다란 강이 존재한다. 그 강을 넘기 위해서는 부모 세대와 아이들 세대는 많은 노력을 해야 한다. 안타깝게도 강을 넘는 방법에 왕도는 없고 서로를 인정하고 참는 것만이 그나마 싸움을 줄이는 방법이다. 김광석과 이문세를 좋아하는 부모 세대가 자녀를 위해 자신들의 음악 취향을 버리고 씨스타나 인피니트의 음악을 쫓아갈 수는 없지 않은가? 그런데 이러한 문화적 차이는 부모 세대, 그 이전 세대부터 끊임없이 존재해왔다. 나이가 80세에 가까우신 할아버지가 나이가 100세인 할아버지에게 혼나는 것을 본 적이 있다. "요즘, 젊은 것들은… 쯧쯧…" 하시면서 말이다. 80세인 할아버지가 반격하신다. "늙으면 고집만 세져요. 남의 말을 들어야지…"라고 하시면서 말이다. 남녀노소를 떠나서 다른 세대의 문화를 이해한다는 것은 보통 어려운 일이 아니다. 익숙해진 것을 버리고 새로운 것을 만났을 때의 문화적 충격을 소화해내고 그것을 다시 즐기게 되려면 많은 시간과 노력이 필요하기 때문이다. 그렇기 때문에 부모 교육을 위한 세미나나 강연에서 스마트 시대의 아이들과 그들 문화에 대한 이해와 소통을 이야기하지만 딱히 나아지지 않는 이유가 거기에 있는 것이다. 문화의 본질은 분석하고 이해하는 것이 아니다. 삶에서 만나고 받아들이고, 삶에서 변화시켜 나가는 것이다. 만약 다른 세대의 문화를 받아들일 만한 여력이나 이해가 없다면, 있는 그대로 인정하고 받아들이는 것이 좋은 방법이라는 것은 누구나 다 잘 알고 있을 것이다. 그럼에도 불구하고, 아이들의 문화를 바라보고, 올바른 관점을 제시해야 하는 이유는 스마트 시대의 문화는 단순히 같은 세대가 문화를 소비하는 것에서 끝나지 않는다는 점이다. 스마트 시대의 문화는 단순히 문화를 소비하는 부모 세대와는 달리, 스스로 문화를 만들어내고 재생산하며, 유통과 확산을 동시에 담당할 수 있게 되었다. 누군가 제공하는 문화를 즐기는 것이 아니라, 자신이 문화를 만들고 즐기며 문화를 이끌어가는, 자기 주도적인 문화 생산·소비자로 세대가 탈바꿈을 한 것이다. 아이들의 문화를 담는 그릇은 부모 세대보다 더욱 크고 다양해졌음을 인정해야 한다. 이제 문제는 그 안에 어떤 내용으로, 어떤 콘텐츠를 담을까 고민하고, 어떻게 가야 할지 올바른 이정표를 생각하는 것이다.

 사람이라면 누구나 다른 사람에게 인정받고 사랑받고 싶어 하는 것이 기본적인 마음의 상태이다. 단지 그것을 노골적으로 표현하느냐, 그렇지 못하느냐의 차이만 존재할 뿐이다. 단적으로 디지털 카메라가 대중화되었을 때, 많은 사람들이 음식점에서 음식이 나오고 먹기 전, 먹은 후, 음식점 분위기 등을 사진으로 찍어 자신의 일거수일투족을 개인용 홈페이지에 올리고 댓글을 나누면서 다른 사람들로부터 애정과 관심을 확인했다. 그리고 시간이 흐르면서 그러한 것들은 SNS의 형태로 새롭게 변화했고 많은 사람들은 오프라인에서 느낄 수 없는 관심과 사랑을 온라인에서 소통하며 느끼기 위해 애썼다.

물론 가정에서 풍족한 사랑과 관심을 받으며 성장한 아이들에게는 관심을 받고 사랑을 주는 것이 쉬운 일이겠지만, 그렇지 못한 아이들은 왜곡된 방법으로 관심을 주고받으며, 그것이 부정적인 형태로 와전될 수도 있다. 현실에서의 상실감과 피해의식이 익명성을 무기로 가상의 현실에서 타인을 질시하고 악플을 다는 형태로 나타나는 것이다. 누군가 나에게 나쁜 말을 하거나 질책을 하면 상처받을 것이고, 칭찬을 하거나 관심을 보이면 기쁨을 누릴 것이다. 하지만 SNS 가상공간에서는 익명성을 담보로 하여 현실 세계에서는 일어날 수 없는 터무니없는 사건들과 행동들이 서슴없이 벌어지고 있다.

이러한 애정과 관심의 문제는 스마트폰 게임과도 연결 지어 생각할 수 있다. 가정 형편이 어려워 맞벌이를 하는 부모의 아이들은 그렇지 않은 부모의 아이들보다 훨씬 쉽게 게임 중독에 노출될 수 있다. 물론, 아이들을 자제시키고 생활 습관 관리를 해줄 부모가 없다는 이유도 있겠지만 관심과 애정의 문제로도 접근할 수 있다. 게임 세상은 현실과 다르게 자신이 원하는 모든 것을 얻을 수 있는 유일한 통로가 된다. 재미와 자극을 주고, 레벨업을 통해 성취욕도 맛볼 수 있다. 또한 시간과 노력의 투자는 간혹 관심의 욕구를 채워주기도 한다. 현실 세상에서는 잠, 음식, 배설과 같은 기본적인 욕구만 해결하면 되지만 게임 세계에서는 그 외의 욕구가 채워지는 것이다. 문제는 예전에는 PC를 통해서만 가능했던 일들이 스마트폰 게임을 통해서도 가능해졌다는 것이다. 즉, 언제 어디서나 마음만 먹으면, 24시간 게임에 접속할 수 있게 된 것이다. 관심과 사랑을 받고 싶은 아이들에게 그 욕구를 충족시켜주고 재미라는 보너스까지 주는 스마트폰은 그야말로 최고의 선물인 것이다.

아이들은 스스로 배우고 성장하는 존재다. 아이의 인생에는 단지 속도의 차이만 있을 뿐 그것을 옳고 그름으로 나눌 수 있는 기준은 없다. 그 성장의 과정에서 넘어지고 실패하며 자기 자신을 알아가고 건강한 자아를 찾기 위해 끊임없이 고뇌하고 미래를 걱정할 것이다. 간혹 누군가의 독설과 독화살로 인해 마음의 상처를 입겠지만, 스스로 치유하고 행복한 삶을 살기 위해 노력해야 할 것이다. 하지만 스마트폰 안의 세상에는 아이들을 따뜻하게 감싸주고 관심과 소속의 느낌을 채워줄 수 있는 공간은 많지 않다. 오히려 아이들에게 상처를 내고 무기력하게 만드는 요소들이 호시탐탐 아이들을 노리고 있음을 아이들 스스로도 알고 있다. 그럼에도 불구하고 아이들이 스마트폰을 손에서 놓지 못하는 이유는 아이들이 소속과 사랑의 욕구를 어떻게든 찾고 싶기 때문에 그런 것은 아닐까?

## 스마트 시대 소통 문화

요즘 아이들의 키워드는 소통, 참여, 공유 이 세 가지 단어이다. 아마 홍익인간(弘益人間)의 정신을 가장 잘 실현하며 살아가고 있다고 해도 과언이 아닐 정도로 널리 이롭진 않지만 열심히 공유하며 살고 있다. 예를 들면, '개똥녀'나 지하철 '막말남' 사건들을 보면 쉽게 스마트 시대의 아이들을 이해할 수 있을 것이다. 어떤 사건이 인터넷에 뜨면 아이들은 곧바로 해당 인물의 개인 정보를 파헤치기 시작한다. 이것이 이른바 '신상털기'이다. 개인이 다니고 있는 학교, 회사뿐만 아니라 과거의 사진, 현재 살고 있는 주소와 전화번호까지 알아내 이것을 인터넷상에 공유하고 널리 퍼뜨린다. 개인이 일상생활을 할 수 없을 정도로 말이다. 그런데 아이들은 이 과정이 재미있을 뿐만 아니라 스스로 정의를 실현하는 올바른 행동이라고 착각하고 있다. 물론 누구도 자신이 뱉은 말이나 퍼서 나른 정보에 대해 책임을 져야 한다고 생각하지 않는다. 잘못된 정보로 인해 개인 정보가 노출되어 많은 사람이 피해를 봤지만 다수의 익명성으로 인해 책임을 묻는 것도 쉽지 않고 그냥 운이 없었을 뿐이라고 쉽게 생각하고 넘겨버린다.

이처럼 소통, 참여, 공유를 통해 스마트 시대의 아이들은 자신의 존재를 인식하고 타인과 소통하는 통로를 마련하게 된다. 그렇다면 그들은 과연 그렇게 만든 통로로 무엇을 공유할까? 그것은 다른 사람들의 다양한 삶의 모습이다. 그 과정에서 아이들에게 어떤 것이 아름답고 바람직한 삶인지를 보고, 듣고, 느끼는 것이다. 평생 어렵게 모은 돈으로 생활이 어려운 학생들에게 장학금을 주는 할머니라든지, 기부와 봉사를 생활화하는 아름다운 모습을 통해 삶에 대한 바람직한 가치관을 갖게 된다. 그리고 이러한 삶의 모습은 아이들로 하여금 바람직한 삶의 기준, 올바른 사회 제도와 질서의 기준을 세우도록 도와준다. 하지만 현실 세상은 아름다운 삶의 모습뿐만 아니라 반사회적 가치[1]로 인해 생겨난 부정적인 삶의 모습들을 보여주기도 한다. 예를 들어 학교 폭력과 관련된 자극적인 모습, 강도나 살인 사건과 같은 부정적인 삶의 모습을 접할 수도 있다. 물론 이런 모습들은 사회의 질서를 바로 잡기 위해 존재한다. 다른 범죄자나 쉽게 범죄를 저지를 수 있는 사람들에게 범죄에 대한 경각심을 일깨워 주기 위함이지만 많은 미디어들이 보다 많은 사람들에게 선택받기 위해 더욱 자극적이고 폭력적인 내용이나 장면으로 사람들을 유혹하기도 한다.

'참여', '공유', '협업' 등이 중요한 가치로 여겨지는 스마트 시대에 인터넷의 가장 큰 특징은 개방성이 확장된 것이다. 특히 스마트 시대를 이끄는 핵심 용어인 집단지성은 개방, 참여, 공유, 협업이 가능

---

[1] 반사회적인 가치란 우리가 일반적으로 가지는 생각으로는 도저히 이해할 수 없는 가치를 이야기한다. 예를 들어, 친구를 못살게 굴거나 폭력을 행사하면서 즐거움을 느끼거나 자신의 목적을 위해서라면 다른 사람들의 생명을 거리낌 없이 빼앗는 행동에는 반사회적 가치가 반영되어 있다.

하도록 하는 능력이다. 집단이라는 말에 오해가 있을 수도 있지만 정확한 표현은 'Collective-Intelligence'로 한 명의 지능이 아니라 다른 사람과 모여 협력하는 지성을 말한다. 그래서 '협력지성'이나 '중지'라는 표현을 사용하기도 한다. 결국, 집단지성은 다수의 개인들이 서로 협력 혹은 경쟁을 통하여 얻게 되는 지적 능력에 의한 결과로 얻어진 집단적 능력을 말한다. 집단 지성을 활용한 나쁜 예가 '신상털기'라고 본다면, 위키피디아는 집단지성의 좋은 예일 것이다.

이러한 집단지성이 인터넷 기술과 스마트 세대를 만나 소셜 미디어를 탄생시켰다. 소셜 미디어란 사람들이 의견, 생각, 경험, 관점 등을 서로 공유하기 위해 사용하는 온라인 툴과 플랫폼을 말한다. 소셜 미디어는 텍스트, 이미지, 오디오, 비디오 등의 다양한 형태를 취하고 있다. 소셜 미디어는 사용자의 상호작용과 관계에 의해 콘텐츠가 생성되고 확산되는 구조를 갖고 있어 중앙 집중적인 통제가 사실상 불가능하며, 업계에서는 소셜 미디어를 '사용자 생성 콘텐츠'(User Generated Content: UGC) 또는 '소비자 생성 미디어'(Consumer Generated Media: CGM)와 비슷한 의미로 쓰기도 한다. 친분이 있는 사람 또는 지인을 통해 정보에 신뢰성을 부여하며 정보가 급속도로 퍼져나갈 수 있도록 되어있고 가장 대표적인 소셜 미디어로는 소셜 네트워크 서비스(SNS), 팟캐스트(Podcast), 위키(Wiki) 등이 있다.

특히 아이들을 엮는 새로운 기술인 SNS, 소셜 네트워크 서비스

(Social Network Service)는 간단히 말해 온라인 인맥 구축 서비스이다. 1인 미디어, 1인 커뮤니티, 정보 공유 등을 포괄하는 개념이며, 서로에게 친구를 소개하거나 친구 관계, 즉 인간관계를 형성, 유지하기 위한 목적으로 개설된 커뮤니티(Community) 형 웹사이트를 말한다. 또한 인터넷과 스마트폰의 보급으로 전 세계 사용자들의 각광을 받고 있는 위키(Wiki)는 'Wiki Wiki'라는 하와이어로 '빨리 빨리'라는 뜻을 가지고 있으며, 지식이나 정보를 계속해서 새롭게 추가하는 협력 소프트웨어를 가리킨다. 주로 편집 가능한 웹 페이지로 웹사이트 상에서 콘텐츠를 추가하고 정보를 편집하여 새로운 정보를 재생산한다. 가장 대표적인 위키로는 영어만으로 약 130만 개 이상의 문서를 가지고 있는 온라인 백과사전(위키피디아)이 있다. 그리고 비슷한 형식의 콘텐츠를 제공하고 공유하는 콘텐츠 커뮤니티(Contents Communities)도 있다. 특정한 종류의 콘텐츠를 만들고 공유하는 커뮤니티로 가장 인기 있는 콘텐츠 커뮤니티로는 Flickr(사진), Del.icio.us(북마킹), YouTube(비디오) 등이 있다. YouTube를 통해 싸이의 '강남스타일'은 세계적인 음악이 되었고, 그를 통해 한국의 음악과 문화를 전 세계의 관심을 받게 되는 계기가 되었다. 또한 다양한 플래시몹이나 패러디 작품을 YouTube에 올려 새로운 문화를 만들기도 하는 등 스마트 시대의 아이들은 새로운 문화를 창조하고 있다.

　이처럼 기술과 인터넷의 발달로 인해 많은 사람들이 지식과 정보를 공유하고, 새로운 지식과 정보를 만들어내는 데 참여하고, 이런 활동을 통해서 소통하는 방식에 익숙해지고 있다. 특히 전통적인 미디어와는 달리 쌍방으로 통신하는 사람들 사이에 일 대 일, 혹은 일 대 다수, 혹은 다수 대 다수로 의사소통이 가능하게 되었다. 여기에는 이용자들 간의 활발한 상호작용이 핵심 요소로 자리 잡고 있으며, 이용자들 간에 지속적인 관계 유지는 물론 확장도 가능케 한다. 이와 같은 소셜 미디어는 전부터 인터넷을 통해 급속히 퍼지면서 개인적인 인간관계 네트워크를 새로운 형태로 변모시키고 있으며 아이들은 이런 생태계 안에서 살아가고 있는 것이다.

### 스마트 시대 소통 문화의 특징

| | |
|---|---|
| 참여 | • 소셜 미디어는 관심 있는 모든 사람들의 기여와 피드백을 촉진하며 스마트 미디어 시대에 적합한 참여 형태를 지님. |
| 공개 | • 대부분의 소셜 미디어는 피드백과 참여를 통해 이뤄지며 투표, 피드백, 코멘트, 정보 공유를 촉진하는 등 콘텐츠 접근과 사용에 대한 장벽이 거의 없음. |
| 대화 | • 전통적인 미디어가 'Broadcast'이고 콘텐츠가 일방적으로 사용자에게 유통되는 반면 소셜 미디어는 쌍방향성을 띄며 사용자가 곧 소비자가 됨. |
| 커뮤니티 | • 소셜 미디어는 빠르게 커뮤니티를 구성하게 하고 커뮤니티로 하여금 공통의 관심사에 대해 이야기하게 함. |
| 연결 | • 대부분의 소셜 미디어는 다양한 미디어의 조합이나 링크를 통한 연결을 통해서 번성하였으며 스마트 미디어는 이를 받쳐주는 기술적 토대가 됨. |

SNS의 양면성

 SNS는 온오프라인의 사회 연계를 확대하여 새로운 관계망을 형성하는 서비스로 인터넷 업계에서는 미래의 화두로까지 지칭되었다. 때문에 최근 이른바 '소셜'(social)이라고 이름 붙은 많은 인터넷 서비스가 물밀듯이 등장하고 있는 것도 우연이 아니다.
 SNS의 강점은 정보의 소통이다. SNS만큼 적은 비용 혹은 거의 공짜로 이렇게 광범위한 마케팅을 할 수 있는 곳이 어디 또 있을까라는 생각이 들 정도니 말이다. SNS는 세상에 파묻힐 뻔한 이슈를 세계화하는 데 큰 기여를 하고 있다. 대표적으로 아이티 대지진이나 중국의 쓰촨 성(四川省) 지진 때의 실종자 찾기나 기부금 모으기 운동 등에서 새로운 차원의 집단행동 가능성을 발견했다. 이러한 SNS가 본격적으로 시민운동에서 부각된 것은 남미 콜롬비아 반군(FARC)의 인질 납치에 반대하는 세계적인 운동에서였다. 2008년 오스카 모랄레스라는 건축가는 페이스북에 콜롬비아 반군의 인질 납치에 반대하는 글을 올렸고, 이것이 전 세계적인 인질 납치 반대 운동의 도화선이 되었다.[2] 이런 현상에 대해 학자들은 페이스북 효과(Facebook effect)라고 지칭한 바 있다.
 이처럼 SNS를 통한 사람들의 교류로 인해 정보 소통이 원활해지면서 불러오는 경제적 이득은 천문학적이다. 정치적으로는 시민운

---

2. 송경재 외(2012. 1. 31), SNS이용자 Literacy 제고방안 연구, 한국정보화진흥원

동을 촉진시키는 등 세계의 여러 일들을 활발하게 교류하면서 그러한 이슈의 공론화가 더욱 넓게 이루어졌다. 친구들과 가족뿐만이 아니라 세계적으로 만날 기회가 없었던 이들과도 교류가 가능하다는 것이 문화적 그리고 사회적으로 큰 도움이 되고 있다.

그러나 SNS는 부정적인 면도 분명히 내포하고 있다. 미국의 중학교에서 2009년 1월에 있었던 사건으로 매사추세츠주에서 여고생 피비 프린스(15세)가 교내 인기 축구 선수 2명과 '문어발식 연애'를 했다는 이유로 혹독한 괴롭힘을 당하다가 자살하는 사건이 발생했다. 동급생들은 프린스에게 트위터, 페이스북, e메일, 휴대전화 등으로 수시로 '창녀', '죽어라' 등의 메시지를 보냈고, 학교에서 많은 사람들이 지켜보는 가운데 소다 깡통을 던지는 등 견디기 힘든 고통을 줬던 것으로 밝혀졌다. 뉴스위크에서 상세히 다룬 기사에 따르면, 프린스는 깡통에 맞았던 날 울며 집에 돌아오자마자 목을 맸다고 했다. 또한 타일러 사건[3]을 보면 SNS가 얼마나 위험한지 알 수 있다. 2009년 10월 뉴저지주 럿거스대에서는 학생, 지역 주민, 교사, 정치인들이 참여하는 '타운홀 미팅'이 열렸다. 1주일 전 허드슨 강에서 싸늘한 시신으로 발견된 이 대학 신입생 타일러 클레멘티(18세)의 명복을 빌고, 재발 방지 방안을 논의하기 위한 행사였다고 한다. 바이올린 연주에 재능이 많았던 클레멘티는 기숙사 방에서 동성 연인과 성관계를 갖는 장면이 룸메이트가 설치한 웹캠을 통해

---

3. 정명선 외(2011. 11. 22), 소셜미디어 부작용 유형 분석 및 대응방향, 한국정보화진흥원

전 캠퍼스에 생중계된 사실을 알게 된 지 며칠 후 인터넷상에 간략한 유언을 남기고 밖으로 나가 강물에 몸을 던졌다. 이처럼 SNS라는 수단에 의해 온라인상에 올라온 욕설과 비방은 수많은 사람들이 동시에 보고 퍼서 나르기 때문에 완전히 삭제가 불가능하며 눈 깜짝할 사이에 광범위하게 확산되기 때문에 그 피해는 이루 말할 수 없다.

### 스마트폰을 잘 쓴다고 똑똑한 것은 아니다

스마트폰은 '액정 크고 기능 좋은 터치로 하는 휴대전화'라고 생각을 하는 사람도 있다. 하지만 스마트폰은 휴대전화의 형태를 갖추고 있지만 음성과 데이터통신, 무선 인터넷 등 개인용 컴퓨터의 기능을 가진다. 스마트폰을 가지고 있으면 언제, 어디서라도 원하는 정보를 검색할 수 있고 누군가를 기다리는 지루한 시간 동안 심심하지 않게 즐길 수도 있고 틈틈이 인터넷을 검색하여 필요한 정보를 다운받고 메일 등을 확인할 수 있다. 말하자면 자신의 필요에 맞게 잘 활용한다면 손안에서 또 다른 세상이 펼쳐질 수 있다. 그에 반해 스마트폰이 익숙하지 않은 사람들은 통화와 문자를 보내는 용도로만 활용한다. 심지어는 전화를 끄거나 통화를 종료하는 방법을 몰라 쩔쩔매기도 한다. 결국, 디지털 기기에 익숙하고 디지털 환경에서 자란 디지털 네이티브들은 직관적으로 활용하고 쉽게 방법을 숙지한다. 하지만 디지털 이민자나 그 윗세대들은 디지털 세대에 비해 디지털 기기에 익숙해지는 데 꽤 오랜 시간이 걸린다. 그렇다면 디지털 세대는 '똑똑'하고 그렇지 않은 세대는 '멍청'할까?

　디지털 세대는 게임, 인터넷, 커뮤니티, 증강 현실 등 재미있는 것들을 손안에서 무궁무진하게 이용할 수 있다. 스마트 기기를 정말 스마트하게 잘 활용하고 있다. 그러나 그러한 재미로 인해 자신의 주변에서 일어나는 소소한 일들에 무관심해졌다. 그리고 모든 것이 원하는 시간과 장소에서 가능하기 때문에 순서를 기다리는 시간이나 무료한 시간들을 참지 못하게 되었다. 또한 많은 것들을 디지털 기기들이 기억해주고 챙겨주기 때문에 디지털 세대는 많은 것들을 기억할 필요가 없어졌다. 심지어는 자신이 좋아하는 사람이나 부모님의 전화번호도 단축 번호로 기억을 하거나 반드시 기억해야 할 기념일들도 스마트 기기 안에 있는 스케줄 다이어리가 있어야 기억할 수 있게 되었다. 우리의 뇌가 해야 할 부분을 스마트 기기들이 대신 할 수 있는 것이다. 삶의 많은 부분이 과거보다 훨씬 더 편리하고 풍요로워졌지만 기억해야 할 것은 점점 적어져 디지털 치매가 증가하는 요즘의 현실은 과연 누가 똑똑하고 누가 멍청한지 고민하게 한다. 헛똑똑이가 되어가지 않도록 스스로 절제하고 지키는 것이 바로 디지털 세대가 짊어진 숙제인 것이다.

### 타인에게 노출되지 않는 것이 좋은 경우도 있다

　세상 모든 것에는 밝음과 어둠이 있다. 똑같은 물건이라도 잘 쓰면 득이 될 것이고 잘못 쓰면 독이 될 것이다. 가령 식별하기 어려운 곳에 모르는 사람이 칼을 들고 서 있다면 어떨까? 만약, 이 사람이 요리사라면 누군가는 그가 해주는 맛있는 음식들을 먹으며 기분 좋은 시간을 보낼 수 있을 것이다. 하지만 그 사람이 도둑이라면 그 다음 상황은 누구에게든 부정적인 상황이 될 것이다. 이처럼 우리가 흔히 볼 수 있는 '칼'이란 도구의 크기나 모습은 변함이 없지만 그 쓰임새는 상황에 따라 다르게 변하고 있다. 이와 마찬가지로 불이 있다. 불을 잘 사용한다면 음식을 익혀 먹거나 추운 겨울에 따뜻하게 지낼 수 있지만 만약 불을 잘못 사용한다면 화재로 인해 자신의 생명뿐 아니라 사랑하는 가족이나 힘들게 모은 재산을 잃을 수 있다. 우리 생활과 가까이 있는 SNS도 마찬가지이다. 새롭게 친구들을 사귀며 인맥 관계를 넓힐 수 있다. 이처럼 사회적 관계 형성 및 상호작용을 촉진하여 가상 세계 속에서 타인과의 관계를 통해 정체성을 표현할 수 있다. 하지만 그러한 SNS가 악용되었을 때는 개인 정보 유출로 인해 재산이나 신변에 커다란 손해를 끼칠 수 있다. 결국 이러한 세상의 모든 도구들은 가치중립적이다. 그것이 좋은지 나쁜지 결정하는 것은 사용자가 도구를 어떻게 사용하느냐에 달려 있는 것이다. 결국 SNS 자체를 놓고 좋은가 나쁜가를 판단하기보다는 사용자가 어떻게 이용하느냐에 따라 좋은지 나쁜지 결정되는 것이다.

# 온 몸으로 함께하는 진정한 소통 문화

미디어라고 하면 흔히 신문이나 방송, 영화나 인터넷 등으로 최근에 생겨난 문명의 이기로 생각하기 쉽다. 미디어는 매개할 "매媒"와 몸 "체體"를 써서 "매체(媒體)"라고 하며 영어로 medium에서 유래한 "media"로 쓴다. 이 표현들을 정리하면 '말하는 사람이 듣는 사람들에게 메시지를 담아서 보내는 도구' 정도로 나타낼 수 있다. 즉, 미디어는 자신의 생각이나 느낌을 전달하는 효과적인 도구인 것이다. 스마트폰 역시 미디어의 하나일 뿐이다. 사람은 누구나 감정을 가지고 있고 그것을 표현하고 싶어 한다. 그리고 다양한 방법으로 자신의 메시지가 잘 표현되고 있는지 확인하고 싶어 한다. 그것은 예나 지금이나 변화 없이 단지 과거에 비해 표현하는 방식이 보다 편리해지고 복잡해졌으며, 다양하고 새로운 모습으로 발전하는 것이다. 결국, 미디어의 중심에는 사람이 있다는 것이며 어떤 도구를 사용하느냐보다는 어떤 말을 하느냐가 더욱 중요한 것이다. 우리가 교육적 적용에서 놓치지 말아야 할 점은 학생과의 관계, 교사와 학생과의 관계, 교사와 학부모와의 관계 등 다양한 관계 속에서 어떻게 신뢰와 사랑을 바탕으로 소통하고자 하는 것이다. 그리고 스마트 시대를 살아가는 아이들에게 살아있는 소통을 위해 몇 가지 방법을 제안하고자 한다.

안아주기 운동(HIF)

교사와 아이들, 부모와 아이들 간의 신뢰와 관계를 다지기 위한 활동으로 안아주기 운동이 있다. HIF는 'Hug in Family'와 'Hug in Friend'를 줄인 말이다. 학교를 갈 때 부모님과 따뜻하게 안아주기를 통해 즐겁게 학교를 출발하는 것, 아침에 오는 친구들을 맞이하며 안아주거나 악수를 하면서 하루를 시작하는 것, 하교 인사를 하고 교실을 나가는 아이들과도 따뜻한 인사를 나누는 것이다. 이러한 만남 자체가 사회적 관계 형성을 위한 아날로그 소셜 네트워크 서비스의 기본인 것이다.

학생 작품

나눠서 좋은 것은…
아이스크림 뿐만이 아닙니다.

아이스크림은 나누어 먹으면서
왜 사랑은 나누시지 않습니까?
우리의 가슴속에 숨겨져 있는
따뜻한 사랑을 나눕시다.

HIF 운동의 시작!!
바로 당신입니다.

롤링페이퍼

학기말이나 학년말에 했었던 롤링페이퍼 역시 인맥 관리 서비스의 좋은 예이다. 아이들은 자신의 이름만 쓰고 쪽지나 종이를 돌리며 서로에게 좋은 이야기를 해주거나 자신의 이야기를 서로 나누며 좋은 글로 응원해준다. 또한 자신의 감정이나 느낌을 쓴 글을 써서 교실에 붙여 놓으면 다른 친구들이 응원과 격려의 메시지를 보내준다. 이것이야 말로 페이스북의 원조가 아닌가!

롤링페이퍼

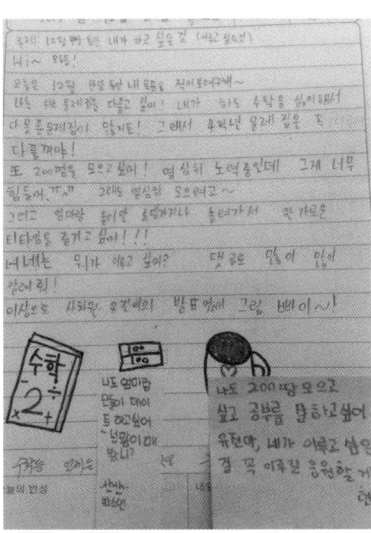

친구 응원하기

댓글이 있는 사진 게시판

카카오스토리나 페이스북의 글쓰기를 온라인으로 하지 않고 오프라인으로 실행해본다. 사진을 붙이고 제목을 달고 사진에 대한 설명을 하고 교실에 비치한다. 그러면 친구들이 이에 대한 댓글을 달아준다. 오픈된 곳에서 자신을 알리고 이에 대하여 즉각적인 피드백이 친구들로부터 온다.

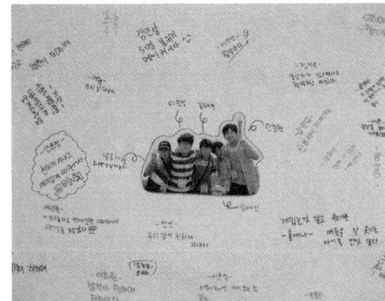

댓글이 있는 사진 게시판

트위터 Paper

트위터를 교실에서 실습해본다. 문자메시지 형식으로 해도 상관없다. 140자를 넘기지 않고 친구에게 하고 싶은 이야기를 공개적으로 열고 함께 보도록 전시하여도 좋다.

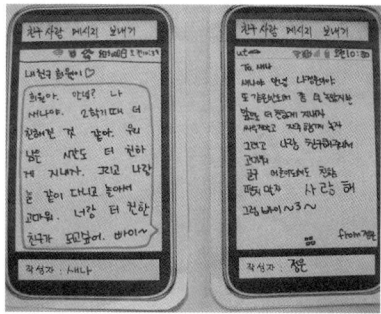

트위터 Paper

SNS로 누구와 관계 맺고 얼마나 많은 친구를 가지고 있느냐가 중요한 것이 아니라 내 가까이에 있는 사람들과 얼마나 깊고 신뢰하는 관계를 맺고 있느냐가 더 중요하다. 즉, 아날로그적 관계 형성이 무엇보다 중요하다는 말이다. 실제 생활에서 스마트폰과 관련한 다양한 소양을 충분히 기르고 그 후에 온라인에서 다양한 인맥 관계를 만들어도 늦지 않다. 그리고 가장 중요한 것이 아날로그적 감성임을 잊지 말아야 한다. 우리는 세상을 이루는 중요한 구성원이며 서로 간에 긍정적 피드백과 존중이 중요함을 알아야 한다. 결국, 교육 현장과 가정에서는 어떻게 하면 아이들에게 최신 스마트 기기들을 잘 이용할 수 있도록 가르칠 것인가 보다는 어떻게 하면 스마트 기기를 가진 학생들이 다른 사람들과 소통하고 서로 이해하고 배려할 수 있는지 가르쳐야 한다. 아이들이 자유롭고 활기차게 Talk, Play, Love 할 수 있는 다양한 공간을 어떻게 아날로그적 감성으로 잘 이용할 수 있는지 방법을 제시해주는 것이 필요하다. 스마트폰이 없으면 어떤가, 트위터의 사용 방법을 모르면 어떠한가. 내 옆에, 내 주위에 따뜻한 사람과 사랑이 존재하는 공간이 진정한 소셜 네트워크이다.

## 디지털 교육이 아이를 괴롭게 한다

### 소통과 생각의 기회를 빼앗는 디지털 콘텐츠

초등학교 취학 전 아이들에게 '뽀로로'는 '뽀통령'이라고 불릴 정도로 그 영향이 절대적이다. 그리고 이러한 콘텐츠 산업의 활성화로 뽀로로를 위협하는 변신 자동차 '또봇', '방귀대장 뿡뿡이', '코코몽', '로보카 폴리' 등 수많은 캐릭터들이 등장하고 있다. 그들은 과거처럼 단순히 악당을 쳐부수는 정의의 사도가 아니라 우리 생활 속에 가까이 존재하며 아이들에게 올바른 가치와 생활 습관을 가르쳐주는 좋은 친구이다.

만화에 등장하는 캐릭터들은 쉽고 재미있게 아이들이 알아야 할 수많은 지식과 정보를 아이들 눈높이에 맞추어 애니메이션이란 형태로 아이들을 텔레비전 앞으로 불러 모은다. 아이들이 좋아하는 캐릭터가 부모를 대신해서 가르쳐주니 부모들 역시 바람직하고 좋은 내용을 권장하고 있는 만화 프로그램에 별 거부감이 없다. 덤으로 부모에게 육아에서 벗어날 수 있는 자투리 시간을 함께 제공하니 부모에겐 너무나 고마운 일일 것이다. 하지만, 여기에서 부모들과 아이들이 인지 못하는 사소한 문제가 생기기 시작한다.

이 시기 아이들은 공부와 학습이 재미있는 것이라고 생각한다. 자신이 좋아하는 캐릭터들이 노래와 율동과 함께 자신들이 알아야 할 지식과 정보를 제공하고, 그것을 따라하고 익히면서 많은 것을 배운다. 대부분의 부모는 이 시절 모든 것들을 스펀지처럼 흡수하는 자신의 아이를 보며 '이 아이가 혹시 천재가 아닐까?'하는 기대감을 갖기도 한다. 디지털 콘텐츠 교육의 함정이 여기에 있다. 아이들은 단순히 보면서 따라하는 것처럼 보이지만 그 안에서 배우는 것이다.

디지털 콘텐츠를 보는 것이 중요한 것이 아니라, 아이 스스로 따라하며 배운다는 것에 초점을 맞추어야 한다. 그리고 시간이 지날수록 아이들이 배워야 할 지식은 더욱 방대해지고, 이때부터 아이들의 눈높이에 맞는 디지털 콘텐츠는 찾아보기 힘들다. 물론, 스마트 TV나 EBS의 교육 프로그램, 'KT 키봇'과 같은 학습용 콘텐츠가 늘어나고 있는 것은 사실이지만, 아이들이 배우는 양에 비해 콘텐츠가 부족한 것은 사실이다. 결국, 아이들이 필요한 여러 가지 지식이나 정보들을 책에서 배워야 하는 상황이 온다. 이 무렵이 유치원에 입학

할 즈음일 것이다. 이때부터 부모와 아이 사이의 문제가 시작될 것이다. 아마도 이 시기에는 엄마와 아이들에게 새로운 경쟁 상대들이 나타나는 시기라고 봐도 좋다. 옆집 누구는 한글을 뗴었는데, 윗집 누구는 악기 연주를 기가 막히게 한다던데, 아랫집 누구는 영어를 읽고 쓸 줄 아는데 등과 같이 아이의 역량이 엄마들의 경쟁력이 되는 시기가 온다. 그러면 엄마들은 아이들에게 여러 가지 유익한 교육을 추가적으로 투입한다. 이렇게 아이들의 의사와 상관없는 지식과 정보는 아이들에게 불필요하다. 고통의 시작이 되는 것이다. 설상가상으로 뽀로로와 코코몽이 친절하게 노래하고 가르쳐주던 지식이나 정보를 이젠 스스로 책을 보며 익히고 깨달아야 하는 상황이 온다. 디지털 콘텐츠로 공부한 학생들의 약점이 드러나는 시기가 찾아 온 것이다.

디지털 콘텐츠, 즉 애니메이션이나 동영상은 어찌 보면 화려하고 교육 효과가 뛰어난 것처럼 보이지만 그 안에는 아이들의 배움을 저해하는 요소들이 엄청 많다. 우선 동영상 교재들은 아이들에게 알게 모르게 엄청난 정보를 제공하고 있다. 1분짜리 애니메이션에는 어느 정도의 정보의 양이 있을까? 우선, 보기 편한 영상을 만들기 위해서는 1초에 25장에서 30장 정도의 이미지 자료가 필요하다. 그러면 1분짜리 영상을 만들기 위해서는 25장×60초, 약 1,500장의 이미지 자료가 필요한 것이다. 물론 1,500장의 이미지가 모두 다 정보를 제공하는 것은 아니지만 아이들의 이해에 많은 도움을 줄 수 있는 이미지를 제공하는 것은 부정할 수 없다. 또한 1분 동안 주인공들의 대사를 보면, 그 안의 정보 역시 만만치 않다. 만약 이걸로도 부족하다면 자막이나 해설 등의 방식으로 정보를 추가적으로 제공한다. 그리고 우리가 무심히 지나치는 배경음악이나 노래, 효과음도 모두 정보의 이해를 돕는 도구이다.

이런 것에 반해 책은 어떤가? 그림책이나 학습 만화에는 여러 그림이 제공되어 아이들의 이해를 돕고 있지만 아이들이 배우고 공부해야 할 책들에는 글자가 대부분이다. 글자를 통해 읽은 것을 생각하고 자신의 것으로 만드는 과정을 겪어야 한다. 이 과정은 매우 어렵고 힘든 과정일 뿐만 아니라 준비되고 습관화되어 있어야만 가능한 것이다. 그러나 어릴 적부터 디지털 콘텐츠 교육에 길들여진 아이들은 이 과정에서 매우 큰 어려움을 느낄 수밖에 없다.

취학 전 학습량은 대부분의 아이들이 큰 차이가 없기 때문에 '우리 아이가 공부에 관심만 가지면 언제든 잘할 수 있다'는 부모의 기대와 함께 아이들은 초등학교에 진학한다. 대부분의 초등학교 교실에는 어느 교실을 가도 비슷한 위치에 비슷한 성능을 가진 컴퓨터와 프로젝션 TV가 존재한다. 교실 환경의 일부라고 생각해도 좋을 정도다. 텔레비전과 컴퓨터가 교실에 들어오면서 교사들은 적극적으로 컴퓨터와 텔레비전을 교육에 응용했다. 그리고 수업이 시작되거나 수업 중간에 수업의 효과를 높이기 위해 아이들에게 사진 자료와 동영상 같은 디지털 콘텐츠 자료를 보여준다. 여러 디지털 콘텐츠를 보여주면 아이들은 교사가 말할 때보다 훨씬 더 많은 집중과 몰입을 하게 된다. 그런데 여기에서도 교사와 학생이 인지하지 못하는 사이 조금씩 문제는 심화되어간다.

교사는 아이들이 동영상에 몰입하고, 여기에서 스스로 학습과 배움이 일어난다고 생각을 한다. 그리고 교사가 해야 할 말을 동영상이 대신해주기 때문에 교사는 아이들을 데리고 수업을 할 때보다 훨씬 편하다. 오죽하면 수업을 대신해줄 수 있는 교사 전용 웹사이트가 생겼겠는가? 그리고 1년이 되지 않아 이 웹사이트는 전국의 초등교사라면 모두 알고 있을 정도로 유명한 웹서비스로 탈바꿈했다. 그 이유는 동기 유발에서부터 수업 정리까지 일목요연하게 되어 있어 교사가 아니더라도 클릭만 할 줄 아는 사람이면 누구나 수업을 할 수 있을 정도로 쉽고 간단하게 되어 있기 때문이다. '클릭 교사'란 말도 여기서 시작된 것이다. 하지만 이 지점에서 짚어볼 것이 있다.

과연, 아이들은 컴퓨터를 사용할 때보다 더 지혜로워졌으며, 교사들은 아이들을 더 잘 가르칠 수 있게 되었는가? 필자가 10년 이상 아이들을 가르치고, 주변의 경력이 많은 교사들과 이야기해본 결과, 아이들이 아는 것은 과거보다 훨씬 더 많고 똑똑해졌지만, 그러한 지식을 연계하고 종합하는 능력은 훨씬 더 떨어졌다는 것이 공통적인 의견이다. 선생님들 또한 수업 전용 웹서비스의 한계를 느끼고 수업 본연의 모습을 찾기 위한 수업 혁신에 대한 움직임이 전국적으로 일고 있으니 그나마 다행이지만, 아직까지 많은 교사들이 동영상 체제에 익숙해진 것은 부인할 수 없다. 물론 동영상이나 이미지와 같은 디지털 콘텐츠를 활용한 수업, 교사 전용 웹서비스를 활용한 수업이 무조건 나쁘다는 뜻이 아니다. 디지털 콘텐츠 역시, 수업에 잘 활용하면 수업의 효율성이나 효과성을 높일 수 있다. 그러나 단순히 디지털 콘텐츠를 보는 것에서만 끝난다면 그것은 교육적으로 효과가 거의 없다는 뜻이다. 예를 들어, 1시간 동안 바람직한 내용이 들어있는 다큐멘터리를 본다고 생각해보자. 과연 1시간 후에는 어떤 정보와 지식이 머릿속에 남아 있을까? 수많은 정보와 지식 가운데 사람들은 자신이 관심을 가지고 있고 기억하고 싶은 것들만 선별해서 머릿속에 남길 것이다. 왜냐하면 사람마다 필요한 정보와 지식이 다를 테니까 말이다. 그러나 정보와 지식의 확장을 위해 자신이 원치 않더라도 공부하고 익혀야 할 것들이 있다. 디지털 콘텐츠 교육은 신기루와 같다. 멋지고 화려하지만 스스로 힘들게 익히고 배우지 않는다면 그것은 이내 사라져버릴 것이다.

## 디지털 교육으로 지치는 아이들

우리나라는 정부가 앞장서서 아이들에게 전자 미디어를 사용하라고 권장하고 있다. 정부는 스마트교육을 정책적으로 실시한다는 발표하고 이를 위해 계속 예산을 투자하고 있다. 정부는 PISA 2009 디지털 읽기 소양평가(Digital Reading Assessment)에서 우리나라가 월등히 1등을 기록한 것을 그 이유로 밝히고 있다.

2011년 교육과학기술부와 국가정보화전략위원회는 2015년까지 모든 교과의 교과서를 디지털교과서로 전환하며, 디지털교과서에 교과서로서의 법적 지위를 부여하는 것을 기본으로 하는 '스마트교육 추진 전략'을 발표했다.

디지털교과서를 학교에 도입하기 위해서 정부는 2조 2280억 원을 투입하기로 계획한 상태이다. 세종시는 이러한 정부 정책을 시범적으로 실시하고 있다. 2012년 3월 개교한 세종시 '스마트 스쿨'을 가보면 '미래 교실'의 모습을 만나볼 수 있다. 학부모들은 자녀의 등교 여부를 안방에 앉아서 확인하고, 교문의 전자태그(RFID) 판독기가 학생 가방에 부착된 전자학생증을 인식해 자녀들의 등교 상황을 문자메시지를 통해 확인할 수 있게 되었다. 교실에서는 화이트보드와 함께 72인치 3D LED 터치스크린이 적용된 칠판이 있다. 학생들은 기존의 책과 노트는 물론 태블릿PC도 모두 지급받았다. 세종시 첫 마을이 입주를 시작한 이후 인근 대전광역시 서구나 유성구 등지에서 '미래학교'와 '스마트 스쿨'을 표방한 세종시 초등학교로 대거 전입이 이뤄졌다고 한다. 이로 인해 1200명을 최대 정원으로 구상했던 한솔초등학교는 2012년 말 1650명까지 학생 수가 늘어났다. 이러한 흐름을 반영하듯 충남, 대구, 경기도 교육청을 제외한 모든 교육청의 스마트교육 예산이 늘어났다.

교육과학기술부는 2011년 6월 29일 「인재대국으로 가는 길, 스마트교육 추진전략」을 발표하였다. 그 뒤 지속적으로 수정 보완되면서 추진전략들이 발표되고 있다. 그 내용을 보면 우리 아이들이 어떠한 교실에서 어떠한 교육을 받게 될지를 예상해볼 수 있다. 스마트교육이 우리 아이들의 교육 환경을 어떻게 바꾸게 될까? 현재 교육부에서 제시하는 스마트교육에 관한 보고서를 보면, 'SMART교육의 개념'을 다음과 같이 제시하고 있다.[1]

> Self-directed(자기 주도적) 지금까지의 학생들은 지식을 주로 받아들이는 입장에서 수용적 집단이었다면, 스마트교육을 통해 지식을 생산자하는 역할로 변화할 것이다. 그리고 교사는 지식의 전달자에서 학습의 조력자나 멘토로 변화할 것이다. 그리고 온라인으로 프로그램화된 성취도나 진단과 처방 등을 통해 스스로 학습하는 체제로 변화될 것이다.
>
> Motivated (흥미) 지금까지 정형화된 교과나 지식 중심에서 체험을 기반으로 지식을 재구성 할 수 있는 교수·학습방법이 강조되면서 학생들이 재구성하는 능력이 강조될 것이다. 즉 학생들은 창의적 문제해결을 해야 하며 과정을 중심으로 개별화된 평가가 이루어질 것이다.

---

1. 교육과학기술부, 스마트교육 추진전략(2011.6.29. 대통령보고), 「인재대국으로 가는 길, 스마트교육 추진전략 보고서」 중 발췌

Adaptive (수준과 적성) 교실 교육의 유연성이 강화되고 개인의 선호 및 미래의 직업과 연계된 맞춤형 학습 구현이 가능해진다. 그러므로 학교가 지식을 대량으로 전달하는 장소에서 수준과 적성에 맞는 개별화된 학습을 지원하는 장소로 진화될 것이다.

Resource Enriched (풍부한 자료) 클라우드 교육서비스를 기반으로 공공기관, 민간 및 개인이 개발한 풍부한 콘텐츠를 교육에 자유롭게 활용하고 집단지성이나, 소셜러닝 등을 활용하여 국내외 학습자원의 공동 활용과 협력 학습 확대가 이루어진다.

Technology Embedded (정보기술 활용) 정보기술을 통해 언제, 어디서나 원하는 학습을 할 수 있고, 수업 방식이 다양해져 학습 선택권이 최대한 보장되는 교육 환경을 이룰 것이다.

교육부에서 이야기하는 스마트교육은 우선 정보통신 기기를 기반으로 한다. 현재로는 태블릿PC를 중심으로 진행되고 있다. 학교에서는 태블릿PC를 중심으로 기기를 구입하고 스마트교실이라는 무선 인터넷 환경의 특별실이 꾸려질 것이다. 현재 컴퓨터실처럼 개별적인 태블릿PC를 배정받고 사용할 것이다. 정보는 클라우드(cloud)라는 저장 공간의 활용으로 어디서든 접근할 수 있도록 될 것이다. 가정에서도 집에서도 거리에서도 자신이 담아 둔 정보를 열어보고 접근할 수 있다. 교육부는 이러한 환경에서 학생들의 자기 주도적 학습이 이루어질 수 있다고 이야기한다. 하지만 여기엔 보이지 않는 전제 조건이 있다. 그것은 바로 교사나 아이들이 스마트 기기를 교수-학습 활동을 하는 데 막힘이 없고 자유자재로 사용함을 전제로 하고 있다. 그 말은 결국, 아이들은 교과 지식 외에도 스마트 기기와 관련한 다양한 정보 처리 기술, 시스템 사용 기술, 프로그램 활용 기술 등을 배워야 함을 의미한다. 만약, 디지털 교과서가 교과서를 대체하고, 학교에는 전자칠판과 미래형 교실이 자리 잡는다 하더라도 그것을 사용하기 위해서는 학교 수업 외에 반드시 스마트 기기와 관련된 교육이 필요하게 될 것이다. 그러나 교육과정에 편성되지 못한 기기 관련 교육은 당연히 교과 수업 시간 내에서 이뤄져야 할 것이고, 아이들은 현재 교과 진도를 따라가기도 힘든데 스마트 기기를 활용한 다양한 테크닉과 스킬을 배워야 하는 과부하 상태가 될 것이다.

정부가 스마트교육을 정책적으로 시행하면서 많은 학교들이 연구학교로 지정되었다. 우연히 그 학교에 수업을 참관하게 되었다. 새로운 교육 방법에 대한 교사들과 학부모들의 열기는 대단했으며 수업을 하는 교사와 아이들이 압박을 느낄 정도로 보는 사람들의 열의는 대단했다. 또한 수업은 기존의 수업 방식을 벗어나 화상 채팅 수업과 SNS, 화려한 프리젠테이션과 전자 칠판의 합작으로 인해 보는 사람들의 감탄을 자아냈다. 그러나 '과연 아이들은 누구와 소통하고 무엇을 배우고 있을까?'라는 생각에 이내 씁쓸했다. 교실에선 정적만 흐를 뿐, 아이들의 웃음소리와 교사와 질의·응답, 대화, 연필을 쓰는 소리들이 현격히 줄어들어 있었다. 대화는 최소한으로 억제되고 잘 통제된 교실, 같은 교실 안에서도 메신저로만 소통하고 있는 것이었다. 어찌 보면 아이들은 사람과 소통하는 것이 아니라 스마트 기기와 소통하고 있는 게 아닌가 의심도 했다. 스마트교육이 전면 시행되면 수업 전반에 걸쳐 이런 모습이 나타날지도 모른다. 아이들과 교사는 자신만의 섬에 고립될 것이다. 멀리 있는 사람들과는 자연스럽게 소통하고 이야기 나누지만 내 옆에 있는 친구들과는 이야기하지 않을 것이다. 이 얼마나 아이러니한 일인가? 아이들 스스로 익히고 배워야 할 정보와 지식 체계를 디지털 기기들이 대신하며, 아이들은 디지털 기계 속에 있는 방대한 지식과 정보가 자신의 정보이고 지식이라 생각하며 착각 속에 살게 될지도 모른다. 어쩌면 '디지털 네이티브'나 '디지털 세대'와 같은 우리 아이들은 손을 뻗으면 언제든 스마트 기기를 만질 수 있도록 환경을 제공한 부모들의 무심함과 안일함 때문에 생겨난 것은 아닐까? 디지털 교육은 눈과 귀를 사로잡아 우리를 빠져들게 하지만, 시간이 흐르면 우리는 생각하고 고민할 기회조차 없었다는 사실에 당황하게 될 것이다.

## 검색하는 힘이 아니라 사색하는 힘이 필요하다

필자가 학교에서 아이들에게 자율적으로 쉬는 시간을 주면, 아이들은 서슴없이 스마트폰을 꺼내들고 게임 삼매경에 빠진다. 간혹 책을 꺼내는 아이도 있지만 대부분의 아이들이 스마트폰을 꺼내들고 자신만의 세계에 빠진다. 물론 이것은 수업 시간에도 마찬가지다.

아이들은 더 이상 선생님에게 질문하지 않는다. 물어보고 싶은 것들은 언제나 스마트폰을 활용해서 자신이 원하는 정답을 찾아낸다. 물론 혹자는 스스로 공부하고자 하는 욕구를 채우기 위해 언제 어디서라도 정보를 찾는 스마트 교육이 최고라고 말할지도 모른다. 그러나 다른 사람의 지식을 찾아서 복사하는 것은 아이들의 지적 발달이나 성장을 가져오는 것이 아니다.

교육이란 아이들의 잠재적 가치를 이끌어내고 가치를 키워나가는 것이다. 스마트교육을 하면 아이들이 스마트해질 것이라 생각하지만 여기엔 함정이 있다. 옛말에 남의 힘을 빌리면 내 힘은 약해진다는 격언이 있다. 내가 할 수 있는 많은 일들을 스마트폰이 대신해주고 있다. 스마트폰이 일정도 기억해주고, 전화번호, 주소, 기념일 등 내가 기억해야 할 많은 것들을 기억하고 있다. 물론 내 몸은 편하고 다른 곳에 집중할 수 있다고 말할 수 있겠지만 어떤 면에서는 가까이 있는 사람들의 전화번호도 기억 못하는 것이 아닌가? 결국 내가 생각하고 기억할 시간을 스마트폰이 대신하고 있는 것이다. 따라서 아이들의 기억력과 주의력, 집중력은 스마트폰 때문에 떨어지게 된다.

아이들은 자신이 궁금하게 생각하는 것에 대해 즉각적인 반응과 피드백을 원한다. 스마트 기기의 대중화로 인해 아이들은 더욱 기다릴 필요가 없게 되었다. 스마트폰으로 인터넷 검색을 통해 정보를 찾으면 된다. 생각하는 것보다 손이 더 빠르게 움직이는 것이다.

그러나 즉각적으로 대답하고 정보를 찾아내는 것이 최고인 시대는 지났다. 교육에서 늘 이야기하는 창의적인 인재가 필요한 시대이다. 자신이 알고 있는 지식과 새로운 정보를 끊임없는 사색과 고민을 통해 새롭게 창조하는 능력을 쌓아나가야 한다. 이를 위해서는 스마트 기기로부터 적당한 거리를 두고, 사색하고 고민하는 생각할 틈, 시간적 여유가 필요하다. 아무리 테크놀로지나 미디어가 발전해도 생각하지 않는 인간은 인간이기 어려울 것이다. 교육은 검색하는 힘을 키우는 것이 아니라 사색하는 힘을 키우는 것이기 때문이다.

문자와 책이 인류에게 많은 지식을 주고 문명을 이루게 해준 것은 사실이지만, 어떤 면에서 보면 인간은 책에서 다양한 정보를 찾으면 되기 때문에 힘들게 기억에 의존할 필요를 찾지 못하게 되었을 것이다. 학교 현장에서 스마트 기기를 통해 학습하는 아이들은 바쁘게 공부하지만 활기가 없다. 여기에서 말하는 활기란 떠들고 장난치는 것을 의미하는 것이 아니라 지식을 탐구하고 새로운 지식을 자신의 지식으로 받아들이기 위해 노력하는 일련의 사고와 탐구 과정을 말하는 것이다.

아이들은 스마트 기기를 이용해서 자신의 생각을 만들고 사고하는 것이 아니라 다른 사람들의 생각을 짜깁기하고, 오리고 붙여넣기

하고 있는 것이다. 이런 모습을 제3자 입장에서 보면 겉으로는 매우 화려하고 뛰어나 보일 수 있다. 하지만 어쩌면 아이들은 단순히 정보를 가공만 하고 있을 뿐 아무것도 창조하지 않고 있는 것이다. 결국, 많은 것을 아는 것 같지만 아무것도 모르는 상태가 되는 것이다.

그리고 이 아이들에게 중요한 것은 사고의 흐름이나 과정이 아니라 문서 치장이나 화려한 프리젠테이션 효과인 것이다. 5차원 교육을 주장하는 원동연 박사는 지식의 3단계를 주장한다. 1단계는 입수(지식 습득), 2단계는 정리(지식 이해), 3단계는 표출(지식의 재생산)이다. 교육부나 일부 학자들은 스마트교육이 1단계에서 3단계까지 모두 만족시킬 수 있다고 주장할 것이다. 하지만, 그들이 놓친 것이 있다.

공부는 정리하고 표출하는 고도의 사고 과정을 포함하고 있다는 사실이다. 과거의 경험이나 다양한 기억을 머릿속에 저장하고 그것을 새로운 환경에 어울리는 형태로 전환하는 어렵고 힘든 정신 과정이 교육임을 알아야 한다. 결국, 교육은 다른 사람들에게 보여주기 위함이 아니라 사회에서 내가 스스로 살아가는 데 반드시 필요한 지식과 정보를 습득하고 재생산해내기 위한 연습 과정인 것이다. 손가락 하나만 터치하면 세상의 모든 정보들이 보이는 상황에서 아이들은 지식과 정보를 자신의 것으로 만드는 인고의 과정인 "공부"를 하려고 하지 않는다.

# 실리콘밸리의 컴퓨터를 사용하지 않는 학교

미국 실리콘밸리에 위치한 세계 최대의 인터넷 경매 사이트 이베이의 기술 담당 최고 책임자는 자신의 아이들을 교실이 9개 있는 학교에 보낸다. 구글, 애플, 야후, 휴렛패커드 같은 실리콘밸리에 위치한 큰 기업의 직원들도 마찬가지다. 그러나 학교에서 학생들을 가르칠 때 주로 사용하는 도구는 결코 하이테크적이지 않은 펜과 종이, 뜨개질바늘, 때때로는 진흙이다. 컴퓨터나 스크린은 찾아볼 수가 없다. 컴퓨터는 수업에서 사용되지 않으며, 학교는 집에서조차 컴퓨터의 사용을 자제시키고 있다. 전국에 있는 대부분의 학교들은 앞 다투어 교실에서 컴퓨터를 사용하도록 하고 있으며, 교실에서 컴퓨터를 사용하지 않는 것은 어리석은 짓이라고 많은 정책결정자들은 말한다. 그러나 이에 대한 비판과 대안적인 시도가 실리콘밸리 중심지에서도 이루어지고 있다.[2]

미국에 있는 160여 개 발도르프 학교 중 하나인 이곳은 창조적 손작업 활동에 의한 신체 활동과 배움에 중심을 두고 있는 교육철학을 따르고 있다. 이러한 교육적 접근 방식을 선택한 사람들은 컴퓨터가 창조적 사고와 활동, 인간간 상호작용, 장시간의 주의 집중을 막는다고 주장한다. 그러나, 발도르프학교가 이곳 디지털 전문가들 사이

---

2. YTN, 2012-03-18, 〈'컴퓨터 제로' 실리콘밸리 학교〉
  (http://www.ytn.co.kr/_ln/0104_201203180622230336)

에서 자리를 잡았다는 사실이 학교교육에서 컴퓨터의 역할에 대한 열띤 논쟁에 획기적인 전기를 마련했다. 이글(Eagle)은 테크놀로지에 대해 잘 아는 사람이다. 그는 다트머스 대학에서 컴퓨터사이언스 학위를 받았으며, 구글의 경영진 커뮤니케이션 팀에서 일하며 구글의 에릭 슈미트 회장 연설문을 작성하는 일을 해왔다. 그는 아이패드와 스마트폰을 사용하고 있다. 그러나 5학년 그의 딸은 구글을 사용하는 법을 모르며, 8학년을 막 시작한 그의 아들은 지금 막 배우고 있는 중이며 학교는 컴퓨터를 제한적으로 사용하고 있다. 이곳 학생들의 3분의 2는 하이테크놀로지와 깊은 관련을 맺고 있는 부모들을 두고 있다. 그러나 다른 부모들과 마찬가지로 이글(Eagle)도 이것에 아무런 모순을 느끼지 않는다. 그는 테크놀로지의 사용에는 때와 장소가 있다고 말하며, "만일 내가 영화사 미라맥스(Miramax)에서 일하며, 예술성 높고 평판 좋은 영화를 만들었다고 해도, 내 아이들이 17살이 될 때까지 그 영화를 보게 하지 않을 것이다."라고 말한다. 그 지역의 다른 학교들이 컴퓨터 시스템화된 교실을 자랑스러워하는 데 반해 발도르프학교는 단순하며 복고적인 컬러 분필과 칠판, 백과사전이 꽂힌 책꽂이, 노트와 연필이 담긴 나무 책상을 중요시한다. 발도르프학교 부모들은 이러한 견해에 반대하며, 그러한 기술을 배우는 것이 매우 쉽다는 것을 지적하면서 왜 그렇게 서두르냐 되묻

는다. 스마트 교육에 대한 신중한 접근이 필요함을 말하는 것이다.[3]

  우리나라 공교육 정상화를 위해 추진되는 혁신학교에서도 이와 유사한 모습을 찾아볼 수 있다. 혁신학교가 가장 활발한 경기도를 중심으로 서울(서울형 혁신학교), 광주(빛고을 혁신학교), 전북(혁신학교), 전남(무지개 학교), 강원(행복+학교) 등 전국에서 학부모들의 관심이 모아지고 있다. 혁신학교에서는 교사의 능동성을 기초로 학교에 교육과정의 기획과 운영권을 갖고 수업을 다양하게 진행한다. 또 학생들의 창의성과 비판적 사고 향상을 중시하는 등 '공교육 정상화'모델로 관심을 끌고 있다. 학급당 학생 수를 25명 이내로 줄이고 교육과정 운영에 일정 부분 자율권을 보장받으며, 도교육청으로부터 행정적·재정적 지원을 받는 혁신학교는, 교사들 지원이 몰리고, 학교 주변 집값이 들썩일 만큼 인기가 있다는 이야기도 들리지만, 무엇보다 학부모와 학생들의 높은 만족도가 눈에 띈다. 그렇다면 학교 현장을 변화시킨 혁신학교의 힘, 그 속에는 무엇이 숨어 있을까? 그것은 아마도 교육에 본질에 관심을 기울인 효과였을 것이다. 자연에서 뛰어놀고, 친구들과 함께 놀고, 환경과 더불어 살아감을 배우고, 토론과 소통을 통해 함께 의사 결정에 참여하는 등 학교 구성원들이 학교와 교육을 통해 배워야 할 것들을 구성원들 스스로가 다양한 경험과 체험을 통해서 이루었기에 가능한 것이다.

---

3. A Silicon Valley School That Doesn't Compute (http://www.nytimes.com/2011/10/23/technology/at-waldorf-school-in-silicon-valley-technology-can-wait.html?_r=0)

그리고 혁신학교와 더불어 새롭게 관심을 끌고 있는 것이 대한민국 발도로프학교이다. 특히 부산에서 감수성 중시하는 '발도로프 교육'이나 '숲놀이' 시간을 통해 자연을 친숙하게 느끼는 수업이 각광을 받고 있다. 발도로프 교육은 아이들의 정서와 신체 발달단계에 맞춰 자유로우면서도 정서와 감성, 감수성 발달을 매우 중요하게 여기는 교육과정으로 유명하다. 그래서인지 발도로프학교에는 교과서가 없다. 교사들이 학생 성장 단계에 맞게 교육 내용을 정하면 학생들은 수업 시간에 익히는 입체적인 수업 내용을 엄마나 아빠가 만들어준 공책에 기록해간다. 예컨대 과수원이나 채소밭을 키우며 다양한 체험을 한다. 여기서 직접 해보고 만져보고 겪어보는 것이다. 그 뒤 펼쳐진 국어 시간 문법 수업에서 학생들이 사과를 봤다면 '탱탱하다. 더럽다. 삐뚤하다, 맛있어 보인다, 농약 친 것 같다' 등의 느낌을 아빠나 엄마가 직접 만들어준 공책에 적는다. 이를 통해 형용사 공부를 하는 것이다. 동사와 고유명사에 대한 학습도 이런 방식으로 진행하면서, 학생 스스로 메워나간 공책이 나중에 그 자체로 자신만의 교과서가 되는 것이다.

우리나라의 상황과 미국의 교육 상황은 여러 면에서 다른 점이 많지만 '창의적 인재 육성'이라는 교육 목표는 일치하리라 본다. 하지만 학급당 학생 밀도가 높고, 교사들의 과중한 업무를 처리해야 하는 상황에서 IT 강대국의 장점은 교육에서 두드러지게 나타나지 않을 것이다.

## 감성과 인성 교육이 스마트한 아이를 키운다

요즘의 30~40대의 학부모 세대는 아날로그 미디어에서 스마트 미디어 시대를 한 세대에 안에 모두 겪고 있는 격동의 세대라고 해도 과언이 아니다. 개인 휴대전화보다는 가정에 놓인 한두 대의 전화기나 무선전화에 익숙했었고 누군가의 전화를 받고 바꾸어주는 것이라든지 전화를 받으면 "여보세요"를 이야기하는 등의 전화 예절 교육을 받았던 시기의 사람들이다. 라디오를 듣거나 테이프를 이용해 음악을 즐겨들었고 CD의 시대가 왔지만 여전히 음악을 소비가 아닌 가수의 앨범이 나오기를 기다리는 시대를 살아왔다. 하지만 부모 세대는 디지털 시대를 살아가고 있음에도 아날로그 시대를 동경하고 회상한다. 그러기에 디지털 도구를 활용하고 있어도 그 기본적 예절은 아날로그적 방식을 그대로 따르고 있다. 아날로그 미디어에서 디지털 미디어로 변화하는 동안 우리는 지속적으로 바라봐왔고, 그 안에 아날로그적 감성과 방식을 그대로 찾고 따르고 있다.

하지만 지금의 아이들은 조금 다르다. 돌이 갓 지난 아이도 스마트폰을 이용하여 영상을 보는 시대가 되었다. 전자 미디어를 대표로 하는 인터넷은 시공간에 대한 개념을 사라지게 했다. 그리고 모바일은 무선 인터넷 시대를 열면서 언제 어디서든 연락이 가능한 구조를 만들었고 사람들은 더 이상 상대방과의 약속을 지키기 위해 전전긍긍하지 않게 되었다. 문자 한 통과 전화 한 번이면 언제든 약속을 취소하거나 바꿀 수 있게 된 것이다. 가장 효율적이고 효과적인 방법을 위해서는 상대방의 의사는 별로 중요한 것이 아니게 되었다. 아이들은 시간에 구애받지 않고 자신이 필요할 때 언제 어디서든 상대방에게 문자와 메시지를 날린다. 문제는 전자 미디어 세대가 가상의 공간에서 상하의 개념도 단순화되고 시공간에 대한 제약을 받지 않던 습관을 오프라인에서도 그대로 적용하고 있다는 현실이다. 아이들은 인터넷에서 배운 대로 행동하고 움직인다. 심지어는 학교 숙제, 평가 문항의 답, 보고서까지 인터넷에서 물어보고 해결한다. 이런 디지털 시대의 아이들에게 아날로그적 관점을 가진 어른들이 교육을 한다면 어떨까? 아마도 지루하고 무기력하게 느껴질 것이다.

교과 영역에서 우리나라 아이들의 성적이 우수함에도 불구하고 행복이나 만족 동기 지수가 낮다는 것을 볼 때 지금까지의 우리 교육의 근본적 문제는 무엇인가 고민해야 한다. 그동안 수많은 교육 방법과 새로운 정책이 적용되었지만 변화된 것은 없다. 되돌아보면 이러한 결과는 지금까지의 대한민국의 교육이 기능적으로 접근하고 여유가 없는 교육과정에서 나오는 또 다른 결과일 것이다. 사람들은 다양한 선호도를 가지고 살아간다. 가령 음식을 이야기하면 육식을 좋아하는 사람과 채식을 좋아하는 사람, 클래식을 좋아하는 사람과 대중음악을 좋아하는 사람 등 다양한 자신만의 기호와 선호도에 따라 선택한다.

시대가 변화하면서 이러한 다양성은 더욱 확대되었다. 좀 더 구체적이고 섬세해졌으며 전문적으로 변화하고 있다. 스마트 미디어가 교실 전체를 장악하는 것이 아니라, 교실에는 피아노도 있고, 북과 장구도 있고, 컴퓨터도 있고 교육을 풍요롭게 할 수 있는 다양한 매체가 필요한 것이다. 스마트 미디어가 피아노도 대신하고, 북이나 장구도 대신하며, 컴퓨터까지 대신하게 되는 것이 좋은 것이 아니다. 만약 교사나 부모보다 뛰어난 역할을 하는 어플이나 콘텐츠가 나오면 어찌할 것인가? 스마트 시대를 제대로 이해하지 못하고, 정책이나 시대에 흐름에 빠져 교육이 자신만의 본질을 찾지 못하면 어느 순간 아이들이 모니터만 열심히 들여다보고 있으면 열심히 공부하고 있다는 착각을 하는 시대가 올 수도 있다. 이것은 교사에게도 해당될 것이다. 묵묵히 모니터만 보면서 수업하는 교사가 과연 스마트한 교사일지 고민해 보아야 할 것이다. 아이들이 SNS로 보내는 것에 일일이 답해주고, 좋은 정보가 있는 사이트를 홈페이지에 올려주고, 다양한 수업 자료를 찾아 아이들에게 메일로 전송해주는 교사를 어떻게 느끼는가? 아이러니하게도 학부모들은 스마트한 교사를 원하고 있지만, 그 스마트한 교사가 하는 것은 같이 놀아주고, 웃고 떠들고, 노래하고 체육 활동을 같이 하며 삶을 나누는 스마트한 것과는 거리가 먼 교육 활동을 하는 교사들을 좋아한다.

그리고 아직 학교에는 아날로그적으로 접근하는 교사들이 많이 있다. 교사들의 특성과 자율성을 무시하고 교육 정책이라는 이름으로 교육 방법을 디지털 교육으로 일원화하는 것은 교사들의 거부감을 끌어올릴 것이다. 교사들의 호응이 없는 교육 정책은 그 시작에서부터 삐걱거릴 것이며 그 피해는 고스란히 아이들의 몫이 될 것이다.

특히 요즘 아이들은 지식이나 기술의 획득에는 적극적이지만 그것을 실제 생활에 응용하는 능력은 매우 떨어진다. 정보 습득이나 기술의 향상이 자신의 성장이 직결된다고 착각한다. 기술은 어떤 목적을 달성하기 위한 기능을 가리키는데, 이것을 많이 가지거나 정보를 많이 얻으면 언뜻 자신이 성장한 듯이 느껴진다. 그러나 획득한 기술이나 정보를 효과적으로 활용하기 위한 판단력과 감성, 더 높은 차원의 발상이 동반되지 않으면 본질적인 의미에서 성장했다고 할 수 없다.

**인터넷 중독 추이**

| 연령 | 2010년 | | | 2011년 상반기 | | |
|---|---|---|---|---|---|---|
| | 환자수 | 내원일수 | 총진료비 | 환자수 | 내원일수 | 총진료비 |
| 0-9세 | 27,606 | 225,919 | 9,279,257 | 19,080 | 104,150 | 4,429,286 |
| 10-19세 | 43,307 | 358,174 | 16,457,548 | 33,216 | 180,595 | 8,737,224 |
| 20-29세 | 1,410 | 11,282 | 550,944 | 1,075 | 5,643 | 278,465 |
| 30-39세 | 686 | 3,703 | 155,813 | 496 | 2,859 | 129,465 |
| 40-49세 | 521 | 2,057 | 72,697 | 310 | 1,153 | 46,185 |
| 50-59세 | 367 | 1,432 | 47,152 | 225 | 724 | 26,039 |
| 60-69세 | 331 | 1,278 | 45,407 | 175 | 566 | 18,255 |
| 70-79세 | 303 | 1,448 | 48,254 | 199 | 736 | 23,345 |
| 80세이상 | 115 | 559 | 16,863 | 65 | 371 | 13,785 |
| 합계 | 74,646 | 605,852 | 26,673,935 | 54,776 | 296,426 | 13,688,264 |

건강보험심사평가원 (2011.7)

스마트교육으로 인한 폐해는 인터넷 중독 추이와 크게 다르지 않을 것이다. 2010년에는 0~20세의 환자가 전체 환자의 96.9%, 2011년에는 0~20세의 환자가 95.4%를 차지했다, 특히 10대 청소년들의 인터넷 중독 상태는 매우 심각함을 알 수 있다. 그리고 2010년과 비교해 볼 때 2011년 상반기를 비교해보면 중독 추이가 심각할 정도로 빠르게 증가하고 있음을 알 수 있다. 2010년에 비해 2011년에 이런 모습을 보이는 이유는 스마트폰의 대중화로 인해 학생들은 스마트폰을 쉽게 가지게 되고, 이러한 상황은 아이들은 인터넷 중독에 쉽게 노출되도록 만들었다. 물론 성인들도 인터넷 중독률이 증가하고 있지만 청소년기의 아이들보다는 증가폭이 낮다. 성인들은 스스로 조절하고 절제하는 능력이 있다는 것을 의미한다. 그리고 스마트교육의 실시로 인해 아이들이 스마트 기기들과 더욱 친해지고 익숙해진다면 인터넷이나 스마트폰에 중독은 더욱 빠르게 증가할 것이다. 이 시기에 스마트교육을 조심스럽게 접근해야 하는 것은 아이들의 발달·심리적인 요인도 있지만 대부분의 아이들은 절제하고 조절할 능력이 부족하기 때문이다. "10분 더", "한번만 더"를 이야기하는 아이들을 보면 어느새 헤어날 수 없을 만큼 스마트 기기에 빠져 있음을 알 수 있다.

이 세상엔 스티브잡스나 주크버그와 같은 사람들도 필요하지만 간디와 셰익스피어와 같은 사람들도 필요하다. 애플이 전 세계의 주목을 받을 수 있었던 이유는 그 기술이 뛰어나서가 아니라 그 밑바

탕에 있는 인문학을 토대로 만들어낸 인간 중심의 철학이 통했던 것은 아닐까.

# 장애 학생들을 위한 스마트 기기 활용법

## 장애 학생에게 스마트 기기가 주는 편의성

최근 많은 사람들이 스마트폰에 대해 기대와 우려가 섞인 관심을 가지고 있다. 그만큼 생활의 필수품이 되어버렸기 때문에 그러한 관심을 받는 것은 당연하다고 생각할 수 있다. 지하철이나 도로, 카페 등에서 스마트폰을 가지고 생활하는 모습들은 그리 낯설지 않다. 이것은 장애 학생들에게도 비슷하게 나타나고 있다. 그럼 장애 학생들은 어떻게 스마트폰이나 태블릿PC를 이용하고 있을까?

장애 학생들(특수교육대상자)도 통화, 문자, 스케줄 관리, 지하철 노선도, 지도, 검색, 게임 등 우리가 사용하는 것 대부분을 똑같이 이용하고 있다. 물론 장애 학생 개개인의 상황에 따라 조금씩 차이가 있기는 하지만 이용하는 모습은 대부분 비슷하다. 스마트폰은 장애 학생들에게 여러 미디어를 동시에 들고다니지 않아도 되는 편리함을 가져다주었다. 스마트폰이 나오기 전에는 보조공학기기[1], 학습용 기기, 휴대전화, 사진기 등 여러 가지 기기를 동시에 가지고 다녀야 했으나 이제는 스마트폰 하나로 해결할 수 있게 되었다.

장애 학생들 중에는 소통에 어려움이 있는 학생들이 있는데 그 학생들이 의사소통을 할 수 있는 보조기기로 역할을 한다. AAC(보완대체의사소통)[2]와 관련된 애플리케이션을 가지고 부모, 또래, 교사와 의사소통을 할 수 있다. 이것은 표현이 충분하지 못한 학생에게 표현의 기회를 열어주는 의미가 있다.

태블릿PC(아이패드, 갤럭시노트 등)를 통해 글자 쓰기, 셈하기, 말하기, 듣기, 영어, 미술, 체육 등 다양한 과목을 학습할 수 있다. 물론 종이와 연필을 이용한 학습을 하게 되면 여러 가지 근육들을 사용하게 되고 인지발달도 더욱더 자연스럽게 이루어지겠지만 스마트 기기를 이용한 학습에는 여러 가지 흥미와 학습자의 능동적인 참여가 가능할 수 있다. 예를 들면, 시각장애 학생들은 스마트폰이나 태블릿PC의 화면 확대나 보이스오버(음성으로 읽어 주는 기능)의 기능을 학습에 적절하게 사용하고 있다. 청각장애 학생들은 동영상의

---

1. 보조공학기기란 장애인의 기능적 능력을 유지 및 향상시키기 위해 사용되는 기성품 또는 주문 제작된 장치나 제작 도구를 말하며, 장애를 완치하려는 목적보다는 장애를 보완하여 독립성을 향상시키고 이를 통하여 삶의 질을 높이려는 목적을 가지고 있다.
2. 독립적으로 말이나 글을 사용하여 의사소통할 수 없는 사람들의 문제를 감소시키고 언어 능력을 촉진하기 위해 사용하는 말(구어) 이외의 여러 형태의 의사소통 방법을 말한다.

자막을 보거나 수화, 보청기 기능을 통해 학습을 좀 더 편하게 할 수 있다.

## 장애 학생에게 스마트폰을 사 줄 때 부모가 해야 할 일

"장애를 가진 우리 아이에게 스마트폰이 필요할까요?", "사 준다면 언제 우리 아이에게 사 주어야 하나요?", "어떤 휴대전화를 사 주어야 하나요?"라고 물어보시는 부모님들이 많이 계시다. 일반적으로 초등학교 저학년 학생들보다는 초등학교 고학년이 되었을 때 사 주는 것이 좋다. 그 이유는 초등학교 저학년 때까지는 스마트폰을 가지고 놀기보다는 손과 발 등 온 몸을 이용한 활동을 하는 것이 신체발달이나 인성 발달에 도움이 되기 때문이다. 특수교육 대상 학생들에게도 가능한 비슷한 시기에 스마트폰이나 태블릿PC를 사주는 것을 권장한다. 그러나 스마트폰을 장애 학생에게 쥐어주는 것이 중요한 것이 아니라 장애 학생이 올바르게 사용할 수 있도록 방법과 습관을 익힐 수 있도록 하는 것이 중요하다.

장애 학생들은 경험의 부족으로 인해 부정적인 결과를 예측하지 못하고 잘못을 하는 경우가 많이 있다. 예를 들면 부모님 스마트폰으로 유료 애플리케이션을 결제하거나, 음란물 시청, 모르는 사람과의 채팅을 통해 어려움에 빠지게 된다. 이러한 부정적인 결과를 경험하지 않도록 스마트폰에 대한 긍정적인 경험을 갖게 하는 것이 중요하다. 장애 학생들에게 긍정적 경험이란 또래 아이들과 같이 소통하는 방법을 배우고, 또래 아이들과 놀이를 통해서 사회성을 배우는 것이다. 때문에 또래와 같은 문화를 익힐 필요가 있으며 예방적인 차원에서 스마트폰이 필요할 수 있겠다. 더불어 사전에 스마트폰을 잘 사용할 수 있는 교육을 받는 것이 필요하다.

스마트폰을 구입해 주더라도 어떤 것들을 알려주어야 할지 잘 모르시는 경우가 있는데 몇 가지 주의해야 할 사항은 다음과 같다.

첫째, 스마트폰 잠금을 해제하는 방법이다. 장애 학생이 스마트폰 잠금을 해제하여 스마트폰을 이용할 수 있도록 처음 단계부터 알려주어야 한다.

둘째, 스마트폰을 떨어뜨리면 파손되기 쉬우니 주의할 수 있도록 한다. 상황에 따라서는 케이스를 씌워 떨어뜨려도 파손이 덜 되도록 해준다.

셋째, 계정 만드는 것을 부모와 같이 한다. 장애 학생들 중 일부는 스스로 이메일 계정을 만들어 스마트폰을 사용할 수 있지만 일부 장애 학생들은 이메일 계정 만드는 것을 어려워하기 때문에 부모님이 함께 만들어보도록 해야 한다.

넷째, 사진을 찍는 방법과 사진을 찾아 감상하는 방법을 알려준다. 다른 사람을 촬영할 때는 다른 사람의 동의를 받고 촬영한다는 것을 알도록 한다. 또한 사진을 촬영할 때 스마트폰을 손에 쥐는 방법, 스마트폰을 흔들지 않고 고정하여 촬영하는 방법, 셀카를 촬영하는 방법 등을 알려준다.

다섯째, 모바일 메신저나 SNS를 사용할 때 자신의 개인 정보나 지나치게 일상적인 내용을 올리지 않도록 주의한다.

## 소통의 수단으로 스마트 기기 사용법

요즘 학생들은 의사소통을 위해 일상적인 대화뿐만 아니라 스마트폰 모바일 메신저를 이용하기도 한다. 카톡, 마이피플, 라인, 쳇온 등 종류만 해도 여러 가지 있다. 장애 학생들이 이러한 대부분의 모바일 메신저를 사용할 수는 없다. 장애 학생들이 또래와 의사소통하기 위해서는 서로 만나 직접적인 대화를 하는 방법이 가장 좋으나 그 차선책으로 모바일 시대인 요즘에는 모바일 메신저 사용 방법을 알려주는 것이 의사소통하는 데 도움이 된다.

첫째, 모바일 메신저 중에서 가장 많이 쓰는 것을 권하도록 한다.

모바일 메신저 중에서 같은 또래 아이들이 가장 많이 사용하는 모바일 메신저를 선택하여 장애 학생들과 의사소통이 원활하게 이루어질 수 있도록 해야 한다. 또래의 모바일 채팅 문화가 다 올바르다고 할 수는 없지만, 같은 또래 아이들과 함께 어울린다는 데 의미를 두는 것이 필요하다. 그러나 장애 학생들이 또래로부터 따돌림을 당하는 경험을 하지 않도록 부모님의 관심이 늘 지속되어야 한다.

둘째, 장애 학생들에게는 모바일 메신저의 기능들을 하나씩, 천천히 알려주어야 한다.

장애 학생들에게 여러 가지 기능을 한 번에 알려주면 그 기능을 사용하지 못하고 잊어버리는 경우가 있기 때문에 모바일 메신저를 터치 하는 방법, 친구를 선택하는 방법, 대화에 참여하는 방법 등을 쉽게 단계적으로 알려주어야 한다. 또한 장애 학생들 중 일부는 글자를 모르는 경우가 있다. 이러한 경우는 모바일 메신저의 음성 녹음 기능, 이모티콘 등을 이용하여 또래와 소통할 수 있도록 한다.

셋째, 모바일 메신저에서 지켜야 할 예절을 익히도록 한다.

장애 학생들 중 일부는 또래와 대화를 지속적으로 이어가는 방법, 상대방에게 기분을 나쁘지 않게 하는 방법, 사용해서는 안 되는 단어가 있다는 것 등을 모르는 경우가 있다. 또한 또래에게 불쾌감을 주거나 자신의 말만 되풀이하는 경우도 있다. 따라서 모바일 메신저에서 몇 가지 주의해야 할 사항들은 다음과 같다.

| 모바일 메신저 사용할 때 주의 사항 | |
|---|---|
| 또래들과 같은 주제를 가지고 대화를 이어가는 방법 | · 주제와 관련된 용어를 사용하기<br>· 친구들의 이야기를 들어보기<br>· 나의 의견을 잘 표현하기 |
| 친구들의 채팅 글자를 모니터하는 방법 | · 친구들의 이야기를 들어보기<br>· 친구들이 글자로 쓸 때까지 기다리기 |
| 적절하게 대화에 참여하는 방법 | · 순서 기다리기<br>· 처음과 마지막에는 인사하기<br>· 친구들에게 욕하지 않기<br>· 친구들의 질문에 대답하기 |

모바일 메신저에서 대화를 할 때 지켜야 하는 예절은 교실뿐만 아니라 일상생활에서도 같은 또래 아이들과의 관계 유지에 매우 중요하다.

같은 또래 아이들이 서로 친해지려면 부모님들이 서로 친해지는 것이 좋다. 부모가 서로 믿음으로 친해지면 자연스럽게 아이들은 모방을 통해 친분을 유지하는 방법을 배우게 된다.

어른들이 과거 어렸을 때 자신의 생일잔치에 친구들을 초대해서 함께 어울려 놀았던 것처럼 장애 학생들도 다른 아이들과 함께 어울려 놀 수 있는 분위기와 환경을 우리 어른들이 적극적으로 조성해야 한다. 장애를 가진 아이들과 그렇지 않은 아이들이 협력해서 배우는 통합교육은 그 아이들이 나이가 어릴 때 더 좋은 효과를 발휘한다. 서로 경계하는 부분이 적고, 놀이를 통해서 친해질 수 있기 때문이다.

## 장애 학생들에게 유용한 애플리케이션

학생 스스로가 자기 관리 능력이 뛰어나면 부모의 입장에서는 걱정이 없겠지만 상황에 따른 대처 능력이 충분하지 않은 아이를 가진 부모들은 한시도 걱정 없는 날이 없다. 장애 학생들 중에는 학교와 집 사이에서 실종되는 경우가 가끔 있다. 최근에는 다행히도 스마트폰의 위치 추적, 긴급 통화 기능이 부모와 자녀 사이를 최소한의 안전장치로 연결하는 끈 역할을 하고 있다. 스마트폰이 나오기 전까지 장애 학생들은 길을 잃거나 도움이 필요할 경우에 대비하여 손목에 인식표를 붙이거나 연락처가 있는 목걸이, 지갑에 편지를 써 놓는 경우가 있었는데, 스마트폰이 개발되면서 이러한 방법들과 함께 스마트폰 애플리케이션이 이용되고 있다. 스마트폰 애플리케이션 중 GPS기능을 이용해 위치 추적 서비스로 등·하굣길의 정해진 경로를 이탈하거나 긴급 상황이 발생하면 경보 표시를 나타내거나 지정 번호로 연락을 해준다. 이뿐만 아니라 현장학습이나 학생 혼자서 대중교통을 이용할 때도 위치 확인이 가능하기 때문에 학부모뿐만 아니라 교사에게도 도움이 되고 있다. 그럼 미아 방지 애플리케이션들의 종류와 특징은 어떠한지 살펴보도록 한다.

### 미아 방지 애플리케이션

미아 방지를 위한 애플리케이션은 몇 가지가 있다. 미아 방지,

미아 방지            미아 실종 방지

미아 찾기, 자녀 스마트폰 관리 등이다. 미아 방지 애플리케이션 ICARES는 아이가 입고 있는 옷에 부착된 QR코드를 스마트폰으로 인식하는 애플리케이션이다. 길을 잃거가 부모와 떨어져서 헤매고 있는 아이를 발견할 경우 발견자가 아이 옷에 있는 QR코드를 스캔하면, 발견자의 연락처와 아이의 위치 정보가 바로 부모에게 전달된다. 또한 발견자와 직접 통화도 할 수 있다. 미아 찾기 애플리케이션은 자녀의 실시간 위치를 공유할 수 있으며 스마트폰을 흔들면 애플리케이션에서 음성을 녹음하고 음성이 녹음된 곳의 위치를 알려주기도 한다. 또한 부모와 발견자가 실시간으로 채팅을 할 수 있도록 도와준다.

이러한 애플리케이션은 부모와 발견자 모두 스마트폰을 소지하고 있어야 하며 스마트폰의 전원이 없으면 실시간으로 위치 추적이 안 된다는 단점이 있다. 하지만 스마트폰만 있다면 미아 방지용으로 유용하게 사용할 수 있다. 단, 주의할 점은 이러한 애플리케이션을 전적으로 믿기보다는 부모가 직접 아이의 동선을 알고 챙기는 것이 먼저임을 꼭 알아야 한다.

### 장애 이해 애플리케이션

국립특수교육원에서는 '국립특수교육원', '특수교육기관찾기', '보조공학기기', '장애이해UCC' 애플리케이션을 개발하였다. 특히 '특수교육기관찾기' 애플리케이션은 스마트폰 소지자의 위치를 인식하여 주변에 가까운 특수교육 관련 기관(특수학교, 특수학급, 특수교육지원센터)을 손쉽게 찾을 수 있도록 알려준다. 이 애플리케이션을 통해 전국 160여 특수학교, 8,000여 특수학급, 200여 특수교육지원센터를 기관명 또는 지역명으로 통합 검색할 수 있다. '보조공학기기'는 보조공학기기에 대한 정보와 장애 영역별로 필요한 보조공학기기를 잘 설명하고 있다. 국내 보조 기구 관련 정보 제공 및 보조 기구

장애 이해 UCC　　　　함께하는 여행　　　　보조공학기기

사용법에 대한 정보를 제공하고 있으며 사용자가 자신의 신체 상태에 맞는 기구를 검색할 수 있도록 도와준다. 장애 이해와 관련된 포토갤러리나 UCC를 감상하려면 '장애이해UCC' 애플리케이션을 이용하면 된다. '장애이해UCC' 애플리케이션은 UCC 공모전 수상 사진 및 동영상을 볼 수 있으며 이러한 UCC를 통해 장애인들이 사회의 한 구성원으로 적응할 수 있도록 자료를 제공하는 애플리케이션이다.

　문화체육관광부와 한국관광공사에서는 장애인들에게 국내 여행 정보를 제공하는 웹사이트와 스마트폰 애플리케이션 '함께하는 여행'을 제공하고 있다. '함께하는 여행'은 장애인들을 위한 편의시설

정보도 함께 받아 볼 수 있으며 주요 여행 정보도 쉽게 알 수 있도록 하였다. 예를 들면, 숙박 시설에 휠체어가 있는지, 시각장애인 등이 사용할 수 있는 시설인지를 기호로 알려주고 있다. 또한 주변에 이용할 수 있는 편의시설을 알려준다.

### 소리를 들려주는 동화책 — 뭉이북

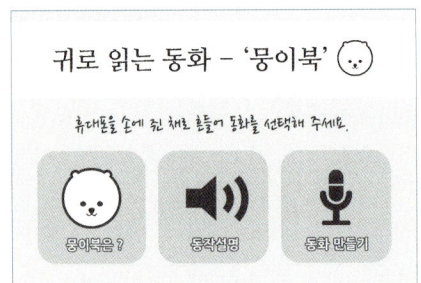

귀로 읽는 동화 - '뭉이북'

소리로 들려주는 동화책이 있다. '뭉이북'이라는 애플리케이션인데, 사용 방법도 쉽고 또 동화책을 사용자가 직접 녹음하여 새로 만들 수도 있어서 참 좋다. 소리로만 들어야 하기 때문에 집중해서 들어야 하며 머릿속으로 동화 내용을 그리는 활동이 중요하다. 동화책 내용을 읽을 때 스마트폰을 흔들면 목차가 나온다. 제목을 두 번 터치하면 내용을 들을 수가 있다. 뭉이북은 시각장애 아동 스스로가 읽을 수 있는 즐거움을 가질 수 있어서 큰 의미를 가지고 있다.

### 스마트폰으로 점자를 쓴다 — 브레일터치(Braille touch)

브레일터치는 시각장애인들을 위한 애플리케이션으로 그동안 고

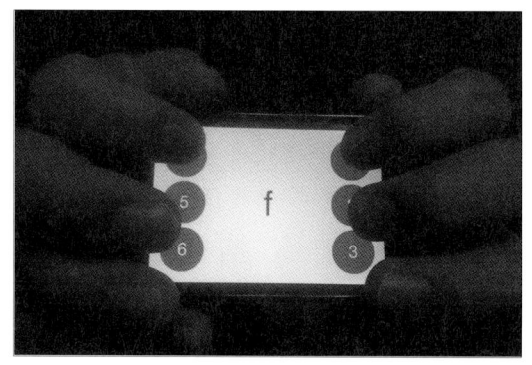

〈Braille touch〉

가의 점자 정보단말기를 대신하여 스마트폰으로 점자를 쓰고, 읽는 기능을 할 수 있다. 물론 업데이트를 통해서 불편한 점들을 수정해야 한다.

브레일터치는 손으로 화면에 있는 여섯 개의 점을 터치하면 점자의 순서에 따라 내용을 음성으로 드려주고 그와 관련된 철자를 표시한다. 점자를 처음 접하는 사람이나 시각장애인 유아에게 적합할 것으로 보인다. 그러나 아직까지 한글을 기반으로 한 애플리케이션이 개발되지 않아서 많은 시각장애인들이 그러한 애플리케이션을 기다리고 있는 실정이다. 물론 현재 전맹 학생들도 아이폰을 사용하여 문자나 모바일 채팅을 할 수는 있지만 점자를 활용할 수 있다면 더 편리하게 사용할 수 있으리라 본다.

최근에는 장애 영역별로 유용한 애플리케이션이 개발되고 있지만 현실적으로는 아직도 불편한 점들이 많이 있다. 그러나 최근에는 장애인들과 함께 테스트도 하고 장애인이 편리하면 비장애인도 편리하다는 생각으로 기기나 애플리케이션을 개발하고 있으니 좀 더 장애인들에게 유용한 애플리케이션이 나올 것을 기대한다.

**장애 영역별 유용한 애플리케이션**

| 장애 영역 | 시각 | 청각 | 지체, 지적 정서 및 행동 | 의사소통 | 공통 |
|---|---|---|---|---|---|
| 어플리 케이션 | 모스문자 오돌톨뷰어 보이스아이 티티톡 Navatar 행복을 들려주는 도서관 시각장애인을 위한 아이프리홈 Braille touch 리슨업 | 수화게임 수호천사 소리진동기 Kikitori - 보청기 애플리케이션 proloque2go 청각언어 장애인용 TTFD | 얼마 에요? 인지니 | proloque2go 포켓ACC Alexicom AAC for Android Android Aac Talking Tabs | 장애인 편의시설 주차지키미 복지시설 안전드림 경찰청 182센터 지하철 헬퍼 함께하는 여행국립 특수교육원 - 특수 교육기관찾기 보조공학기기 - 장애이해 UCC' |

# 스마트 기기가 장애 학생들에게 더 유용해지려면

　시각장애인들이 많이 쓰는 스마트폰은 아이폰이다. 전맹 학생들은 아이폰을 주로 많이 쓴다. 전맹 학생이 안드로이드 운영체제를 사용하는 스마트폰을 사용하려 해도 사용할 수가 없다. 시각장애인들 중 전맹 학생의 경우는 소리(Voice over)로 듣고 터치를 통해서 스마트폰을 사용해야 하는데 아이폰 외 다른 스마트폰은 텍스트나 애플리케이션 등을 읽어주는 기능이 부족하기 때문이다. 아이폰의 운영체제는 음성 지원, 내비게이션 지원, 공간 정보 지원, 웹브라우저 보이스오버(Voice over) 지원을 해주지만, 안드로이드 운영체제는 내비게이션, 웹브라우저 지원이 아직 미흡하다.

시각장애인 스마트 기기 접근성

| 운영체계 | 음성 지원 | 내비게이션 지원 | 공간 정보 지원 | 웹브라우저 |
|---|---|---|---|---|
| iOS 6.1 | 지원<br>(Voice Over) | 지원<br>(Voice Over) | 지원<br>(Voice Over) | 지원 |
| Android 4.0 | 지원<br>(Talk back) | 미지원 | 지원<br>(터치하여 탐색) | 미지원 |

김찬홍·김해동(2013), 좋은교사 2013년 5월호, 깨미동의 스마트.

보통 글씨로도 잘 볼 수 있는 사람들이 있지만 시각장애인이나 노인들은 화면의 글씨를 잘 볼 수가 없다. 이러한 사람들을 위하여 아이폰에서는 큰 텍스트로 글씨를 읽을 수 있도록 설정할 수가 있다.

시각장애인들, 노인들 중에서 검은색 바탕에 하얀 글씨가 잘 보이는 사람들이 있다. 이러한 사람들을 위해 색상 반전 설정을 하면 글씨를 좀 더 편안하게 볼 수 있다. 이러한 기능들이 안드로이드 계열도 있지만 아직 조금은 불편한 상태이다. 안드로이드 운영체제에서도 장애인들이나 노인들을 위한 운영체제를 개발 중에 있으니 좀 더 기다려 보아야 하겠다.

장애인들에게 필요한 애플리케이션은 비장애인들에게도 유용하게 이용될 수 있다. 하루에도 수없이 쏟아지는 애플리케이션들 중에

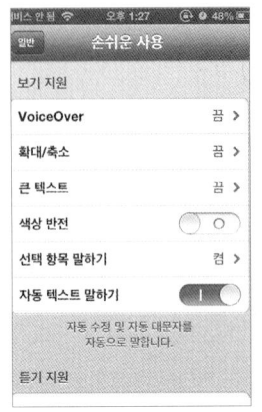  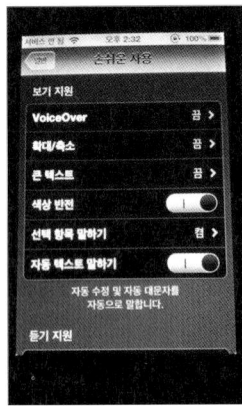

〈iOS(작은 텍스트)〉 　〈iOS(큰 텍스트)〉 　〈색상반전-손쉬운 사용〉

서 장애인들을 이해할 수 있는 애플리케이션이나 장애인들이 편하게 이용할 수 있는 애플리케이션들은 무엇이 있을까?

장애인들에게 편리한 애플리케이션은 비장애인들에게도 편리하다는 마음으로 애플리케이션을 만들면 좀 더 유용한 애플리케이션이 될 것이다. 보통 애플리케이션을 개발할 때 장애인을 고려하지 않고서 만드는 것들이 대부분이다. 그러나 장애

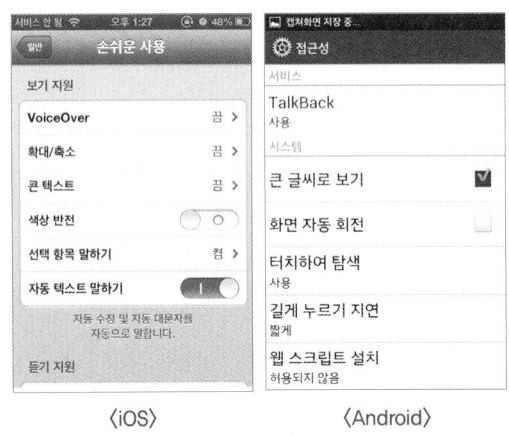

〈iOS〉　　　〈Android〉

인을 고려하지 않고 애플리케이션을 만든 후, 장애인들을 위해 부족한 부분을 보완해서 만들려면 개발비가 훨씬 많이 든다. 새로운 애플리케이션을 만드는 비용 더하기 시간 투자 비용까지 하면 직접 비교하지 않아도 짐작이 되리라 생각된다. 또한 '실버 시대'를 맞이하는 우리에게 있어서 "장애인들이 편리하면 실버 세대가 편하고, 아이들도 편리하게 사용할 수 있다."라는 생각을 중심으로 보편적 설계[3]를 통해 애플리케이션을 만들어야 하겠다.

## 장애 학생을 위한 스마트교육 해외 사례

외국에서도 특수교육대상자를 대상으로 한 스마트교육 연구들이 늘고 있다. 일본의 경우를 살펴보면 다음과 같다. 일본에서 주로 연구되는 부분은 병원학교와 특수학교에서 스마트 미디어 활용 교육이다. 특히 그 중에서도 동경대학 선단과학기술연구센터와 소프트뱅크의 '마법의 필통 프로젝트 성과 보고서'를 통해 스마트 미디어 활용 교육이 장애 학생들에게 어떻게 교육을 하는 것이 좋을지에 대한 고민을 풀어 놓았다.[4] 보고서에 따르면 장애 영역별로 장애

---

3. 보편적 설계(universal design)란 장애의 유무나 연령 등에 관계없이 모든 사람들이 제품, 건축, 환경, 서비스 등을 보다 편하고 안전하게 이용할 수 있도록 설계하는 것이다. 미국의 로널드 메이스에 의해 처음 주창되었으며 "모두를 위한 설계"(Design for All)라고도 한다.
4. http://maho-prj.org/?p=163 참조

특성에 대한 요구 사항, 환경에서의 고려 사항, 운영상, 지원에 이르는 부분까지 나누어 연구하고 있었다. 특히 병원학교에서의 지원 방법, 장애 영역별로 지원 방법을 사례와 함께 기술하고 있다. 장애 학생들은 스마트 기기를 소통의 보조 기구로 충분히 활용할 수 있다는 것을 결과로 볼 수 있었다. 물론 장애영역별로 특별한 보조 기구가 더 필요하기도 한다. 특히 지체장애·중복장애 학생들 중 손을 사용하지 못하는 학생은 입, 또는 머리를 이용하여 포인터를 연결하여 터치를 하기도 하였다. 터치펜을 잡지 못하는 학생들에게는 잡기용 터치펜을 자체제작 하여 학생들에게 제공하기도 하였다. 이는 학생들에게 접근성을 높여주어 학생들의 스마트 기기 활용도를 높여 준다. 따라서 스마트 기기에 대한 접근 방법도 함께 연구되어야 한다.

| 장애 유형 및 학교 | 학습에서의 어려움 |
| --- | --- |
| 병원학교 | ・연필로 글씨 쓰기가 어렵다.<br>・페이지를 넘기는 것이 어렵다.<br>・책을 보기에 적절한 위치에 유지시키는 것이 어렵다.<br>・장시간 같은 자세에서 학습이 곤란하다.<br>・혼자 학습하는 것이 어렵고, 학습 진도가 적절한지 모른다. |
| 지체장애 | ・연필로 글씨 쓰기가 어렵다.<br>・페이지를 넘기는 것이 어렵다.<br>・책을 보기에 적절한 위치에 유지 시키는 것이 어렵다.<br>・장시간 같은 자세에서 학습이 곤란하다.<br>・많은 교과서 교재를 가지고 다니는 것이 어렵다. |
| 청각장애 | ・교사나 다른 학생의 발언을 들을 수 없거나 듣는 것이 어렵다. |

| | |
|---|---|
| 시각장애<br>(전맹) | • 종이에 인쇄된 교과서 교재를 읽을 수 없다.<br>• 판서된 문자를 읽을 수 없다.<br>• 점자교과서가 일반검정교과서와 동일하게 무상으로 배포되지만, 제조 하는데 시간과비용이 든다. 그리고 전국에서 한 종류만 무상으로 보급되기 때문에 점자교과서 이외의 교과서교재는 교직원이 직접 작성 할 필요가 있다.<br>• 점자교과서 교재는 대단히 두껍다.<br>• 학생이 시험이나 과제에 점자로 대답할 경우 점자를 이해하지 못하는 교직원은 판독하는데 시간이 걸린다. |
| 시각장애<br>(약시) | • 종이에 인쇄된 교과서 교재와 판서된 문자가 작거나, 눈부시거나, 일부 결여되어 보는 것이 어렵다.<br>• 확대 제작한 교과서가 일반 교과서와 동일하게 무상 배급되지만, 같은 약시학생이라도 장애 유형이 다양하기 때문에 제작이 어렵고 이용자 수도 적기 때문에 제조 비용이 고액이다.<br>• 확대 교과서는 일반 교과서에 비해 두껍다 |
| 지적장애 | • 지적장애(정신지체) 및 자폐성 장애 등의 학생은 커뮤니케이션 능력이 부족하고 독립적으로 일상생활을 하는 것에도 곤란함을 보인다. |
| 중증·중복 장애 | • 중증·중복 장애 학생은 병실 등의 침대 위라는 협소한 공간에서 학습해야 하기 때문에 스마트패드가 효율적이다. 그러나 기본적으로 치료가 학습보다 우선 시되어야 한다. |

동경대학선단과학기술연구센터, 소프트뱅크(2011). 마법의 필통 프로젝트 성과보고회

동경대학 선단과학기술연구센터 소프트뱅크 마법의 필통 프로젝트 성과보고회 자료를 보면, 이렇게 장애 유형별로 또는 학교별로 학습에서의 어려움을 태블릿PC로 해결하는 방법들을 찾고 있다.

미국에서는 의사소통이 부족한 학생에게 태블릿pc를 이용하여 그림과 음성을 이용하여 의사소통하는 능력을 향상시키는 수업도 진행이 되고 있다.[5] 노스캐롤라이나에 있는 도르 아카데미에서는 학습장애를 가진 아이들을 위해 스마트 칠판을 통한 학습을 연구하고 있

---

5. http://edcompassblog.smarttech.com/archives/8475

으며 홍콩에 있는 '존F.케네디센터 청각장애와 시각장애 학교'(The Florida School for the Deaf and the Blind in St. Augustine)에서도 스마트교육이 진행되고 있다.[6] 또한 학습장애 학생을 대상으로 학습능력을 향상시키는 보조 도구로써 연구가 활발하게 진행되고 있다. 이 밖에도 해외에서도 학습장애, 정서 및 행동 장애, 시각장애, 지체장애 등의 학생들을 대상으로 스마트교육에 대하여 연구하고 있다. 스마트러닝은 세계적으로 진행되고 있지만 우리아이들에게 알맞은 스마트교육은 어떠한 것인가 중요하다. 특히, 장애 학생들 중 유아, 초등 저학년은 피아제(J. Piaget)[7]가 제시한 인지발달 단계 중 전조작기(만 2세~7세) 단계에 해당된다. 전조작기는 자기중심적 사고에 의존하며, 지각적 속성으로 사물을 판단하기 때문에 사물의 외관에 의존하여 상황을 판단한다. 따라서 스마트폰을 주기 전에 장애 학생이 구체적 조작물을 가지고 경험하는 것이 중요하다. 만약 스마트폰을 준다면 구체적 조작물을 가지고 활동한 후에 연계 활동으로 스마트폰을 사용하도록 안내해야 할 것이다.

---

6. http://vault.smarttech.com/stimulus/k-12-special-education-case-studies.asp
7. 『특수교육학 용어사전』, 2009, 국립특수교육원

## '포대기'처럼 교감하는 관계를 위해

우리들이 어렸을 때만 해도 포대기에서 자랐다. 엄마, 할머니 등에서 손을 빨기도 하고 엄마 등에 콧물을 묻히기도 하면서 엄마, 할머니 등에서 엄마와 할머니의 숨결을 바로 느낄 수 있었다. 이러한 포대기는 엄마와 나를 편안하게 해 주는 소중한 도구였던 것이다. 그러나 현재 상황은 어떠한가? 어떤 사람은 아이를 안아주면 독립적이지 못한다고 안아주지 말라고 하고, 다른 사람은 아이를 포대기에 업혀야 한다고 한다. 우리는 서양 것을 따라 하지만 정작 서양 사람들은 우리 한국 것을 따라 한다. 어느 쪽의 말이 맞는 걸까?

결과부터 말하자면 한국의 포대기가 아이에게 좋다는 결과가 논문으로 증명되고 있다. 0세부터 2세까지 엄마와 아이가 서로 스킨십을 통해 자연스럽게 교감을 나누고, 아이는 엄마의 배 속에서 느꼈던 포근함을 포대기를 통해서 얻는 것이었다.

스마트폰을 사용도 포대기와 연관 지어 본다면 결과는 충분히 나올 수 있을 것이다. 우리에게 정말로 필요한 것은 아이와 함께 한 번 더 스킨십을 하며 한 번 더 환하게 웃어주고, 소통하는 것이 필요하다. 스마트 기기는 하나의 도구일 뿐이다. 그 도구는 포대기가 될 수도 있고, 서양의 아기띠, 처네, 슬링, 유모차 등이 될 수도 있다. 부모와 아이가 한 번 더 스킨십을 하고 대화를 나누는 것이 스마트 기기보다 중요하다는 것을 잊어서는 안 되겠다.

또한 스마트 기기를 활용하여 학습, 일상생활, 보조학습기기로서의 기능을 충분히 할 수 있으리라 본다. 하지만 스마트 기기를 사용하기 전에 장애 학생들의 각 개별적인 요구, 진단 평가를 통해 현 수준에 적합한 스마트 기기인지 확인을 해야 한다. 또한 스마트 기기를 받았을 때는 사전에 기능 훈련을 받을 수 있도록 하는 것이 중요하다. 이러한 스마트 기기에 대한 기능을 익히지 못하고 사용에 들어가면 매우 혼란스러워 하고 스마트 기기에 대한 스트레스를 받을 수 있기 때문이다.

장애 학생들에게 있어서는 스마트 기기는 양날의 칼과 같아서 잘못 이용하면 아이의 잠재력을 키우지 못하는 결과를 가져올 수 있다. 예를 들면 걸을 수 있는 아이에게 휠체어를 유아기부터 준다면 그 아이는 평생 걷지 못하고 휠체어에 의존할 수밖에 없게 된다. 장애 학생들에게 스마트 기기는 장애로 인해 불편함을 보조하는 기기일 뿐이지 스마트 기기가 모든 것을 해결해주는 것은 아니다. 스마트 기기에 전적으로 의존한다면 평생 내가 가지지 않아도 되는 2차적 장애를 가질 수도 있다. 따라서 장애 학생들이 스마트 기기를 사용하게 될 때는 올바르게 사용하는 방법과 함께 부모님들이 올바르게 사용하는 모습을 보여주셔야 하겠다.

## 부록 1.
## 유아 스마트 기기 이용 수준 점검표

| | | 평가 내용 | 매우 그렇다 | 그렇다 | 보통이다 | 그렇지 않다 | 매우 그렇지 않다 |
|---|---|---|---|---|---|---|---|
| 사용동기의 적절성 | 1 | 나에게 시간적 여유가 필요할 때 내 아이에게 스마트 기기를 준다. | 5 | 4 | 3 | 2 | 1 |
| | 2 | 내 아이가 잘못한 일이 있을 때 스마트 기기 사용을 제한한다. | 5 | 4 | 3 | 2 | 1 |
| | 3 | 내 아이에게 스마트 기기 사용을 제한하는 것은 큰 벌이 된다. | 5 | 4 | 3 | 2 | 1 |
| | 4 | 내 아이의 바람직한 행동에 대한 보상으로 스마트 기기 사용을 허용한다. | 5 | 4 | 3 | 2 | 1 |
| | 5 | 식당 등 공공장소에서 피해를 주지 않기 위한 방법으로 스마트 기기를 준다. | 5 | 4 | 3 | 2 | 1 |
| | 6 | 내 아이의 스마트 기기 이용으로 내가 활용할 시간이 늘었다. | 5 | 4 | 3 | 2 | 1 |
| | 7 | 내 아이가 혼자 시간을 보내야할 때 스마트 기기를 사용한다. | 5 | 4 | 3 | 2 | 1 |
| | 8 | 내 아이는 스마트 기기를 주면 가장 기분 좋아 보인다. | 5 | 4 | 3 | 2 | 1 |
| | 9 | 내 아이는 자주 스마트 기기를 달라고 조른다. | 5 | 4 | 3 | 2 | 1 |
| | 10* | 내 아이는 내가 허락할 때만 스마트 기기를 사용한다. | 1 | 2 | 3 | 4 | 5 |
| | 11 | 내 아이에게 보상을 해줄 때 스마트 기기 사용을 허용한다. | 5 | 4 | 3 | 2 | 1 |
| | 12* | 궁금한 내용을 찾을 때 내 아이와 스마트 기기를 활용한다. | 1 | 2 | 3 | 4 | 5 |

| | | | | | | | | |
|---|---|---|---|---|---|---|---|---|
| 사용방법의 적절성 | 13 | 아이가 조를 때 스마트 기기 사용을 허용한다. | 5 | 4 | 3 | 2 | 1 |
| | 14* | 내 아이는 스마트 기기를 사용한 후 내용에 대한 질문을 한다. | 1 | 2 | 3 | 4 | 5 |
| | 15 | 내 아이가 심심할 때 시간을 보내기 위해 스마트 기기를 사용하게 한다. | 5 | 4 | 3 | 2 | 1 |
| | 16 | 내 아이는 스마트 기기 이용에서 내용보다 캐릭터에 더 관심을 갖는다. | 5 | 4 | 3 | 2 | 1 |
| | 17 | 나는 내 아이에게 좋은 앱이 어떤 것인지 기준을 알고 있다. | 5 | 4 | 3 | 2 | 1 |
| 사회관계 | 18* | 나는 내 아이가 스마트 기기 사용할 때 좋은 앱만 사용하도록 허용한다. | 1 | 2 | 3 | 4 | 5 |
| | 19* | 스마트 기기를 주로 나(어머니)와 함께 사용하는 편이다. | 1 | 2 | 3 | 4 | 5 |
| | 20* | 스마트 기기 사용하기 전에 시간을 같이 계획한다. | 1 | 2 | 3 | 4 | 5 |
| | 21 | 내 아이는 다른 놀이보다 스마트 기기를 가지고 노는 것을 좋아한다. | 5 | 4 | 3 | 2 | 1 |
| | 22 | 내 아이는 친구가 있어도 스마트 기기 사용을 더 좋아한다. | 5 | 4 | 3 | 2 | 1 |
| | 23 | 내 아이는 스마트 기기 사용을 혼자서 하는 것을 좋아한다. | 5 | 4 | 3 | 2 | 1 |
| 스마트폰이 가지는 가치에 대해 느끼는 정도 | 24 | 내 아이는 부모와 놀이를 하는 것 보다 스마트 기기를 활용하는 것을 더 좋아한다. | 5 | 4 | 3 | 2 | 1 |
| | 25 | 나는 스마트 기기로 인해서 내 아이의 또래 관계가 줄어들었다고 생각한다. | 5 | 4 | 3 | 2 | 1 |
| | 26 | 내 아이는 가족이나 친구들과 있는 것보다 스마트 기기를 사용할 때 더 즐거워한다. | 5 | 4 | 3 | 2 | 1 |
| | 27 | 내 아이는 스마트 기기를 주로 혼자 사용하는 편이다. | 5 | 4 | 3 | 2 | 1 |

| | | | | | | | |
|---|---|---|---|---|---|---|---|
| 사용시간의 적절성 | 28 | 내 아이는 다른 놀이에 집중하는 시간보다 스마트 기기에 집중하는 시간이 길다. | 5 | 4 | 3 | 2 | 1 |
| | 29 | 내 아이는 스마트 기기 사용하는 동안 집중력이 늘었다. | 5 | 4 | 3 | 2 | 1 |
| | 30 | 내 아이의 스마트 기기 이용은 학습에 활용하며 효과적이다. | 5 | 4 | 3 | 2 | 1 |
| | 31 | 친구나 형제와 어울리기 위해서 스마트 기기를 사용한다. | 5 | 4 | 3 | 2 | 1 |
| | 32 | 내 아이의 스마트 기기 이용은 학습에 효과적이라고 생각한다. | 5 | 4 | 3 | 2 | 1 |
| | 33 | 내 아이가 스마트 기기 이용으로 인해서 신체 활동 시간이 준 것 같다. | 5 | 4 | 3 | 2 | 1 |
| | 34 | 내 아이가 스마트 기기로 인해서 시력이 나빠진 것 같다. | 5 | 4 | 3 | 2 | 1 |
| | 35 | 내 아이는 스마트 기기를 1회 평균 15분 이상 사용한다. | 5 | 4 | 3 | 2 | 1 |
| 의시소통 | 36* | 내 아이는 하루 혹은 일주일간 스마트 기기 이용 시간에 제한을 두고 잘 지킨다. | 1 | 2 | 3 | 4 | 5 |
| | 37* | 내 아이는 스마트 기기를 하지 않고 1주일을 지낼 수 있다. | 1 | 2 | 3 | 4 | 5 |
| | 38* | 내 아이의 스마트 기기 활용으로 나와의 대화가 활발해졌다 | 1 | 2 | 3 | 4 | 5 |
| | 39 | 내 아이는 스마트 기기를 사용하는 시간에 말이 없이 집중한다. | 5 | 4 | 3 | 2 | 1 |
| | 40 | 내 아이는 스마트 기기를 혼자 하는 것을 좋아한다. | 5 | 4 | 3 | 2 | 1 |
| | 41* | 내 아이는 스마트 기기를 사용할 때 다른 사람과 함께 사용하는 것을 좋아한다. | 1 | 2 | 3 | 4 | 5 |
| | 42 | 내 아이는 스마트 기기를 사용할 때 조작법에 대한 질문만 한다. | 5 | 4 | 3 | 2 | 1 |
| | 43 | 내 아이는 스마트 기기를 사용을 하면 나와 대화를 하지 않아도 잘 지낸다. | 5 | 4 | 3 | 2 | 1 |

* 표시는 역산 문항으로 5점 척도가 반대로 되어 있음
임은정(2013), 「유아 스마트 기기 이용 수준 점검 부모용 척도 개발 및 분석」, 『韓國初等敎育』 제24권 제4호, 서울교육대학교

임은정(2013)에 따르면, 유아의 스마트 기기 사용에 고려되어야 하는 변인은 사회관계, 의사소통, 사용 방법의 적절성, 사용 동기의 적절성, 스마트폰이 가지는 가치에 대해 느끼는 정도, 사용 시간의 적절성 등으로 나눌 수 있다.

총 43문항에서 5점 척도로 되어 있으며 최고 점수는 215, 최하 점수는 43점이 된다. 평균 129점을 기준으로 하여 평균보다 점수가 높으면 유아의 스마트 기기 사용에 대한 점검을 심도 있게 해야 하며 평균보다 점수가 낮으면 스마트 기기를 적당하게 사용하고 있음을 확인할 수 있다.

## 부록 2.
### 깨미동의 스마트폰 자가 점검표

| 번 | 항목 | 체크 |
|---|---|---|
| 1 | 밤늦게까지 스마트폰을 이용한 적이 있다. | |
| 2 | 하루 중 스마트폰 이용 시간이 많은 편이다. | |
| 3 | 화장실 이용 중이나 목욕 중에 스마트폰을 사용한다. | |
| 4 | 스마트폰을 집에 두고 오면 멀리 있어도 다시 가서 가져온다. | |
| 5 | 친구나 부모로부터 스마트폰을 많이 한다는 이야기를 듣는다. | |

| 6 | 스마트폰 배터리가 적어지면 불안하다. | |
|---|---|---|
| 7 | 다섯 개 이상의 SNS<br>(카톡, 카스, 라인, 페이스북, 트위터, 사이월드, 밴드, 까페 등)를 하고 있다. | |
| 8 | 스마트폰을 가까이 보거나 스마트폰 때문에 눈이 아플 때가 있다. | |
| 9 | 약정 기간이 남아도 최신 스마트폰으로 교체하는 편이다. | |
| 10 | 회의 중이나 친구들의 모임 중에도 스마트폰을 자주 본다. | |
| 11 | 다운받은 어플 중 사용하지 않는 어플이 매우 많다. | |
| 12 | 스마트폰을 사용하다가 뒷목이 당기거나 손이 저린 경우가 있다. | |
| 13 | 습관적으로 스마트폰을 자주 쳐다보곤 한다. | |
| 14 | 스마트폰을 보면서 밥을 먹을 때가 자주 있다. | |
| 15 | 식당에 가서 음식이 나오기 전까지 스마트폰을 보는 시간이 많다. | |
| 16 | 걸어 다니면서 스마트폰을 자주 확인하거나<br>버스나 지하철을 이용하는 대부분의 시간 동안 스마트폰을 사용한다. | |
| 17 | 스마트폰 비용(통신비, 액세서리, 어플 등)이 많이 드는 편이다. | |

스마트폰 사용을 장소, 시간, 생활 습관으로 크게 나누어 항목을 정하여 문항을 만들었다. 문항 중 나에게 해당되는 내용이 9개 이상이면 스마트폰 사용에 대하여 점검이 필요하다. 9개 이하이면 스마트폰 사용을 적절하게 사용하고 있음을 확인할 수 있다. 문항 체크는 ◯, ×로 하면 된다.

## 부록 3.
## 교육부 학교 폭력 조사 결과에서 나타난 사이버 폭력
### - 사이버블링(Cyberbullying) -

**학교 폭력 피해 학생에 대한 적절한 보호 부족**

「2013년 2차 학교 폭력실태조사 분석 결과」(교육부, 2013)에 따르면 학부모들은 학교 폭력의 주된 원인으로 인터넷 등 대중매체(34.4%)의 영향이 가장 큰 것으로 응답하였다고 한다. 그러나 오픈서베이(2013년 3월)의 자료에 의하면 중·고등학생 600명과, 중·고등학생 학부모 300명을 대상으로 학교 폭력에 대한 원인을 조사한 결과 학생들과 학부모들의 응답이 다르게 나타나고 있다. 학생들은 46.5%가 '가해 학생들에 대한 적절한 처벌이 부족해서', 34%는 '피해 학생들이 사실을 알리고 보호받을 만한 체계가 없어서', 28.8%는 '부모님들의 관심 혹은 지도가 부족해서'로 나타났다. 이에 반해서 학부모들은 교육청 조사와 비슷한 결과를 나타냈다. 46.8%가 '폭력성을 부추기는 각종 미디어 매체 및 게임 때문에', 37.3%가 '자녀에 대한 부모님들의 관심 혹은 지도가 부족해서', 37.3%가 '피해 학생들이 이 사실을 알고도 보호받을 만한 체계가 없어서'로 나타났다. 여기서 주목해야 할 점은 학생들의 응답인데, 자신의 피해를 알

리더라도 재발에 따른 피해를 받을 것으로 생각하고 있다는 점이다. 이러한 것은 사회적, 제도적으로 아직도 피해 학생에 대한 적절한 보호가 미비하기 때문에 나타나는 결과로 볼 수 있다.

---

※ 인터넷 등 대중매체 영향(34.4%) 〉경쟁적 학교문화, 학업스트레스(17.0%) 〉가정환경(13.7%) 〉나쁜 친구(12.9%) 〉사회적 분위기(12.3%) 〉가해 학생 인성이 나빠서(9.7%)[1]

〈학교 폭력의 주된 원인-교육부, 2013〉

---

위의 자료를 분석하여 볼 때 학교 폭력의 원인은 가정의 문제와 사회적 원인으로 찾을 수 있다.

첫째, 학교 폭력으로부터 보호받지 못한다. 피해 학생은 당연히 보호받아야 하며 가해 학생은 그에 대한 반성과 다시는 학교 폭력을 행하지 않도록 해야 함에도 불구하고 사전, 사후에 대한 보호 및 지도가 미비하다.

둘째, 가정에서의 불화로 인한 스트레스이다. 가정 안에서 부모님의 관계가 좋지 않거나 가정 경제적인 문제로 인해서 발생하는 경우가 있다.

셋째, 학업 성적과 관련된 스트레스이다.

넷째, 가해 학생들에 대한 적절한 처벌이 부족하다.

---

1. 「2013년 2차 학교 폭력실태조사 분석결과」(교육부, 2013)

## 늘어나고 있는 사이버 학교 폭력

피해 유형별 응답 건수 및 비중(중복 응답)

교육부(2013)

| 구분 | 폭행·감금 | 금품갈취 | 강제심부름 | 언어폭력 | 강제추행·성폭력 | 집단따돌림 | 사이버괴롭힘 | 스토킹 | 합계 |
|---|---|---|---|---|---|---|---|---|---|
| '13년2차 | 19천건 | 15천건 | 9천건 | 57천건 | 6천건 | 27천건 | 16천건 | 14천건 | 161천건 |
|  | 11.5% | 9.2% | 5.3% | 35.3% | 3.5% | 16.5% | 9.7% | 9.0% | 100% |
| '13년1차 | 24천건 | 21천건 | 13천건 | 70천건 | 7천건 | 34천건 | 19천건 | 19천건 | 207천건 |
|  | 11.7% | 10.0% | 6.1% | 34.0% | 3.3% | 16.6% | 9.1% | 9.2% | 100% |
| '12년2차 | 54천건 | 91천건 | 63천건 | 190천건 | 18천건 | 64천건 | 41천건 | 40천건 | 562천건 |
|  | 9.6% | 16.2% | 11.3% | 33.9% | 3.2% | 11.4% | 7.3% | 7.1% | 100% |

교육부(2013)의 자료에 따르면 '사이버 괴롭힘'은 지속적으로 증가하고 있다. 2012년 2차에는 7.3%, 2013년 1차 9.1%, 2013년 2차 9.7%로 지속적으로 증가하고 있다. 경찰청 자료에 따르면 무형의 폭력은 같은 기간 12명에서 91명으로 약 6배 이상 증가하였다고 한다. 이처럼 사이버 폭력은 증가되는 추세이다. 이러한 현상이 발생하는 것에는 여러 가지 원인이 있지만, 무엇보다 학교 폭력이 여러 가지 미디어로 변화하고 있는 점에 있다. 전에는 문자, 인터넷으로 학교 폭력이 나타났었지만 이제는 스마트폰의 발달로 주로 SNS를 이용하여 학교 폭력이 발생하고 있다. 문제는 사이버 폭력의 증가는 아이들에게 씻을 수 없는 흔적으로 남는다는 것이다. 사이버 폭력의

특징들은 다음과 같다.

첫째, 사이버 폭력의 자료는 쉽게 지워지지 않는다.

스마트폰의 SNS, 인터넷으로 피해 학생의 굴욕적인 사진들이 남아 있다면 그것은 내가 모르는 사람들에게도 이미 퍼져 있게 된다. 예를 들면 2012년 전세계를 떠들썩하게 했던 사이버 폭력 사건이 있었다. 유튜브에 아만다 토드라는 여학생이 올린 동영상을 통해 세계적으로 알려지게 되었는데 이 학생은 결국 사망하게 되었으며 그 피해 흔적은 사이버 공간에 아직도 남아 있다. 피해 유족들이 사이버 공간에서 피해 내용들을 지우려고 해도 지워지지 않고 현재도 남아 있다.

둘째, 전파 속도가 빠르다.

SNS와 인터넷을 통하여 내 아이가 알지 못하는 아이들까지 내 아이를 따돌리는 언행 및 행동을 하게 되는데 이 속도는 우리가 상상할 수 없을 만큼 빠르다.

셋째, 실시간으로 폭행한다.

스마트폰으로 언제, 어디서든 피해를 볼 수 있다. 가해 학생들로부터 폭행을 피해 가려고 스마트폰을 사용하지 않더라도 SNS공간에서는 이미 피해 학생은 바보가 되어 있거나 죽은 사람처럼 되어 있다. 그렇게 때문에 스마트폰의 전원을 끄거나 사용하지 않는다고 해서 사이버 폭력이 해결되는 것은 아니다. 또한 새벽, 밤이나 늦은 시간이든 24시간 괴롭힘을 당하게 된다.

### 학교 폭력으로부터 자녀를 구하는 방법

학교 폭력의 문제는 여러 가지가 있지만 자녀에 대한 관심과 대화를 통하는 방법이 가장 좋다. 자녀의 고민이 무엇인지, 학교에서 무슨 일이 일어났는지 개방적이고 솔직하게 대화할 수 있도록 하며, 자녀의 생활을 수시로 주의 깊게 관찰하는 것이 필요하다. 자녀가 이러한 행동을 자주 하게 되면 학교 폭력의 피해로 인한 것인지 확인해야 한다.

특히 갑자기 이유 없이 우울해 하며 혼자 지내려고 하거나 이유 없이 학교 가는 것을 꺼리고, 갑작스럽게 학업성적이 떨어지는 등 변화가 생길 때는 특히 유심히 살펴보아야 한다.

- 비싼 옷이나 운동화, 안경 등을 자주 잃어버리거나 망가뜨린다.
- 평소보다 많은 물건을 구입하여 택배가 온다.
- 평소에 필요하지 않은 물건을 자주 사달라고 한다.
- 몸에 다친 상처나 멍 자국을 자주 발견하게 된다.
- 교과서나 가방, 공책에 '죽고 싶다'와 같은 낙서가 쓰여 있다.
- SNS, 인터넷 공간에 욕설이나 '죽고 싶다' 등의 내용이 쓰여 있다.
- 용돈이 모자란다고 하거나 말도 없이 집에서 돈을 가져간다.
- 하교하여 집에 올 때 풀이 죽어서 돌아와 풀썩 주저앉거나 자기 방에 틀어박혀 나오려고 하지 않는다.
- 두통이나 복통 등 몸이 좋지 않다고 호소하며 학교 가기를 싫어한다.
- 평소와는 다르게 입맛이 없다고 하거나 평소에 잘 먹던 음식에도 손을 대지 않는다.

- 친구에게서 전화나 문자 오는 것을 싫어하거나 두려워한다.
- 갑자기 이사를 가자고 한다.
- 갑자기 성적이 떨어지거나, 갑자기 전학을 보내달라고 한다.
- 잘 때 식은땀을 흘리면서 잠꼬대 또는 앓는 소리를 한다.
- 잠꼬대를 할 때 누구를 때리거나 도망가는 듯 한 잠꼬대를 한다.

자녀가 '사이버 괴롭힘'을 당할 경우 다음과 같이 대응해야 한다.

① SNS, 모바일메신저 등은 부모님 스마트폰으로 사용하도록 한다(이 경우는 자녀가 밤늦도록 스마트폰을 하지 않도록 유도할 수 있으며 불필요하게 SNS을 사용하지 않도록 해준다).
② SNS를 통해 욕설이나 피해의 글을 받을 경우 응대하지 않는다.
③ SNS 욕설과 피해 글들은 캡처하여 증거를 남겨둔다.
④ 증거들을 가지고 담임교사와 상담을 한다.
⑤ 문제가 심각한 경우는 증거 자료를 가지고 경찰에 신고를 한다.